Fundus
Schriften Museumsgesellschaft und
Literaturhaus Zürich
Herausgegeben von Thomas Ehrsam
Band 2

Die Museumsgesellschaft Zürich, eine 1834 gegründete Lesegesellschaft, die seit 1999 neben Lesesaal und Bibliothek auch das Literaturhaus Zürich führt, verfügt in ihrer Bibliothek über historische Bestände, die in kleineren oder grösseren Proben in dieser Reihe veröffentlicht werden sollen. Seit der Gründung hat die Bibliothek den Schwerpunkt auf Belletristik und allgemeine Sachliteratur gelegt und zwar in Deutsch, Englisch, Französisch und Italienisch. Vor allem im 19. und frühen 20. Jahrhundert hat sie vieles gesammelt, das anzuschaffen die grossen Universitätsbibliotheken unter ihrer Würde fanden; und im Unterschied zu Leihbibliotheken ähnlichen Zuschnitts hat sie das einmal Angeschaffte in aller Regel nicht ausgesondert: Es ist noch da, und einiges davon verdient es sehr wohl, heute wieder gelesen zu werden.

«Dieser Krieg ist uns zum Heil»

1914 – Wortgefechte in Texten der Zeit

Herausgegeben von Christine Odermatt

Übersetzungen von Maria Hoffmann-Dartevelle und Thomas Schlachter

Limmat Verlag
Zürich

Für ihre grosszügige Unterstützung dankt die Museumsgesellschaft der Dr. Georg und Josi Guggenheim-Stiftung, Zürich, und der Ulrico Hoepli Stiftung, Zürich

Im Internet
› Informationen zu Autorinnen und Autoren
› Hinweise auf Veranstaltungen
› Links zu Rezensionen, Podcasts und Fernsehbeiträgen
› Schreiben Sie uns Ihre Meinung zu einem Buch
› Abonnieren Sie unsere Newsletter zu Veranstaltungen und Neuerscheinungen
www.limmatverlag.ch

Das *wandelbare Verlagsjahreslogo* des Limmat Verlags auf Seite 1 stammt aus einer Originalserie mit Frisuren aus den letzten fünf Jahrhunderten von Anna Sommer.
www.annasommer.ch

Umschlagbild: Unter den Linden in Berlin verkünden Extrablätter den Kriegsausbruch, 1914. © keystone/scherl

Typographie und Umschlaggestaltung von Trix Krebs

© 2014 by Limmat Verlag, Zürich
ISBN 978-3-85791-738-7

Inhalt

7
Vorwort

25
Bruno Schoenlank
Militärzug

26
Auguste Gauvain
«Österreich agiert hinter den Kulissen, während Deutschland auf der Bühne das Publikum unterhält»

38
Hermann Bahr
«Uns ist das deutsche Wesen erschienen»

47
Werner Sombart
«In dem sicheren Gefühl, das Gottesvolk zu sein»

60
Louis Dumur
«In allem und überall zeigt sich Deutschlands Abhängigkeit vom Ausland»

71
Paul Oskar Höcker
«Es gilt, mit aller Strenge vorzugehen»

81
Martin Lang
«So hatte ich mir den Krieg nicht vorgestellt»

91
Albert Leopold
«Wir hassen euch nicht, ihr seid uns fremd und gleichgültig»

101
Ilka Künigl-Ehrenburg
«Wenn Przemysl fällt, das ist jedem von
uns der Stoss ins Herz»

112
Marcel Ernest Béchu
«Manchmal kann man auch vergessen, dass man
hier ist, um zu töten»

122
Arthur Clutton-Brock
«Soldaten waren nicht länger Soldaten, sondern Menschen»

132
Romain Rolland
«Keine Rache, keine Repressalien!»

145
Annette Kolb
«Hätte man nur zehntausend hetzerische Journalisten
zusammengetrieben und gehenkt»

157
Richard Grelling
«Wehe den Herrschern, die die Stimme
der Völker nicht hören»

170
Paul Dubois
«Wir sind neutral, weil wir pazifistisch sind»

179
Hugo Ball
«Man lebt in Zürich: Ländlich unter Morphinisten»

Vorwort

«Ein französischer Politiker erzählte kürzlich nach einer Reise in die Schweiz, die Buchhandlungen in den neutralen Ländern seien wahre Schlachtfelder: Auf einer Seite erheben sich wie furchterregende Festungen schwere Stapel mit dicken deutschen Wälzern, Traktaten und zahllosen Broschüren; auf der anderen Seite sammeln sich Bataillone von französischen Schriften, bereit zum Angriff. Und von den Sympathien des Buchhändlers für die Mittelmächte oder die Triple-Entente hängt ab, ob die deutsche Festung uneinnehmbar wirkt oder der französische Ansturm gerade zu triumphieren scheint.»[1]

Der Ausbruch des Ersten Weltkriegs setzte nicht nur eine gewaltige, neuartige Militärmaschinerie in Gang, auch eine wahre Flut von Propagandaschriften, Frontberichten, Romanen und Gedichten brach über kriegführende und neutrale Staaten herein, wie die obige Beobachtung, die der belgische Schriftsteller Louis Dumont-Wilden 1915 festhielt, eindrücklich zeigt. Die Verlage in den kriegsbeteiligten Ländern erlebten eine beispiellose Hochkonjunktur; die Verkaufszahlen schlugen Rekorde. Auch in der Schweiz kam es zu intensiven schriftstellerischen und verlegerischen Aktivitäten. Die milderen Zensurbestimmungen und die engen Beziehungen der Schweiz zu beiden Kriegsparteien boten propagandistischen und pazifistischen Autoren die Möglichkeit, ihre Texte mehr oder weniger unzensiert zu breiter Wahrnehmung zu bringen.

Angesichts der Menge und Vielfalt des über den Krieg veröffentlichten Materials, der breiten gesellschaftlichen Teilnahme an Produktion und Rezeption der Kriegsmedien, der Schärfe der Wortgefechte und der Professionalität der staatlichen Agitation gilt der Erste Weltkrieg auch als erster moderner Medien- und Propagandakrieg. Mit dem militärischen Kampf ginge «ein zweiter, stiller, aber nicht minder erbitterter Kampf einher: der Krieg der Geister»[2], schrieb 1915 der deutsche Verleger Hermann Kellermann. Hatte der Wissenschafts- und Kulturbetrieb vor dem Krieg eine Internationalisierung erfahren, so brach nun die Einheit der europäischen intellektuellen Elite erschreckend schnell zusammen.

«Das offizielle Kino an der Front». Le Rire, 1915.

Zahlreiche Zeugnisse dieser geistigen Kriegsführung fanden ihren Weg auch in die Bibliothek der Museumsgesellschaft Zürich. Mehrere Hundert Bücher waren es allein in den Jahren 1914 und 1915, dazu kam eine grosse Auswahl an Periodika. Die Bücher stehen (anders als die aus Platzgründen nur noch punktuell erhaltenen Zeitschriften) alle noch im Bibliotheksmagazin. Dieser umfangreiche Bestand ist damit geeignet, der Frage nachzugehen, wie sich das erste Kriegsjahr einem interessierten Leser in der neutralen Schweiz im gedruckten Wort präsentiert hat. Die vorliegende Anthologie präsentiert sechzehn Texte und Textauszüge aus diesem Fundus und versucht dadurch, ein zeitgenössisches Bild des Kriegs und insbesondere des Kriegs der Worte zu vermitteln. Die strikte Beschränkung auf Texte der Zeit erfolgt in der Absicht, einen Schritt zurück zu machen hinter alle nachträglichen Erinnerungen, Berichte und Deutungen. Weder die Schreibenden noch die Leserinnen und Leser wussten 1914, was auf sie zukommen sollte. Auch wenn der heutige Leser sein Wissen darüber, was später geschah, nicht einfach ausschalten kann, so kann er doch versuchen, für einen Moment mit den Augen der Zeit zu sehen. Und was er von diesem Krieg der Worte zu sehen bekommt, ist nicht weniger erschreckend und deprimierend als der Krieg selbst.

«Dieser Krieg ist uns zum Heil» will den Krieg der Worte in möglichst vielen Schattierungen und Positionen und damit in seiner ganzen scharfen Widersprüchlichkeit zeigen. Die Texte – sie gehören mit einer Ausnahme zur Sachliteratur – stammen von Autoren und Autorinnen aus Deutschland, Frankreich, Grossbritannien, Österreich-Ungarn und der Schweiz. Zeugnisse der Kriegsbegeisterung stehen neben pazifistischen Manifesten, Frontberichte überzeugter Offiziere neben Schriften einfacher Soldaten, deren Erfahrungen die Kriegsverherrlichung schon bald Lügen strafte. Zeitgenössische Karikaturen aus den Satirezeitschriften «Kladderadatsch» (Berlin), «Le Rire» (Paris) und aus dem Schweizer «Nebelspalter» illustrieren die Texte. Die Karikaturisten unterstützten die nationalen Propagandamaschinerien durch die Konstruktion von Feindbildern. Ihre Werke stellen damit das bildliche Gegenstück der schriftlichen Propaganda dar. Pazifistische Texte finden ihre Entsprechung in den kriegskritischen Darstellungen des «Nebelspalter».

Im Folgenden werden die wichtigsten Wortgefechte anhand von Zitaten aus Publikationen der Jahre 1914/15 – die wie die genannten Satirezeitschriften alle in der Bibliothek der Museumsgesellschaft zu finden sind – kurz nachgezeichnet.

Von der Julikrise zum Augusterlebnis

Das Attentat von Sarajewo am 28. Juni 1914 wird heute vielfach als Funke bezeichnet, der ein Pulverfass zur Explosion brachte. Imperialistische Machtgelüste, langjähriges Wettrüsten und komplexe Bündnissysteme bildeten eine explosive Mischung. Den Zeitgenossen war die Gefahr bewusst. «Ich plädiere nicht für Frieden, wenn es keinen Frieden gibt»[3], schrieb der britische Schriftsteller H.G. Wells, der später für das «War Propaganda Bureau» tätig wurde, im Jahr 1913. Noch im selben Aufsatz relativierte Wells jedoch diese Zwangsläufigkeit: «Wenn wir den Krieg mit Deutschland noch zwanzig Jahre vermeiden können, werden wir nie gegen Deutschland kämpfen müssen.»[4] In Mittel- und Westeuropa herrschte seit über vierzig Jahren Friede. Ansätze einer europäischen Gesellschaft waren entstanden. Georges Wagnière, Herausgeber des «Journal de Genève», schrieb 1915:

«Alles schien auf diese Völkervereinigung hinauszulaufen: Unten der Sozialismus, oben die Kunst, das gesellschaftliche Leben, die Finanzwirtschaft, der Sport, die Wissenschaft, die Kongresse, auf denen so viele bewundernswerte Worte gesprochen werden, die moderne Bildung, die den Verstand nicht innerhalb der Grenzen eines Landes einsperrt, sondern im Gegenteil einem jeden immer weitere Horizonte eröffnen will.»[5]

Vielen schien ein Krieg im Herzen Europas absurd. Der Waadtländer Literaturprofessor Paul Seippel, der an der ETH Zürich lehrte, schrieb rückblickend: «War es möglich, dass dort, ganz nahe, hinter dem Berg, zwei grosse Völker von Arbeitern, friedlich und fleissig wie wir, sich aufeinander stürzen und sich zu Millionen hinschlachten würden? Und warum? Weil dort unten, in diesem Teufels-Balkan, ein verrückter Bosniake unglücklicherweise einen Erzherzog getötet hatte.»[6] Auch Politikexperten wie dem französischen Diplomaten und Journalisten Auguste Gauvain (ab S. 26) wurde nur allmählich klar, dass das Attentat zu einem europäischen Krieg führen könnte.

H. G. Wells schrieb, die Menschheit ziehe in den Krieg «wie ein Schlafwandler, der sich selbst verletzt»[7]. «Die Schlafwandler» ist auch der Titel des kürzlich erschienenen Buches des australischen Historikers Christopher Clark, der die Entscheidungsträger und ihr Verhalten in der Julikrise charakterisieren soll. Die Krise habe eine solche Komplexität angenommen, dass Politiker, Monarchen und Militärs beinahe wie Schlafwandler – ohne volles Bewusstsein über die Konsequenzen ihres Handelns – zur Eskalation des Konflikts beigetragen hätten. Für den deutschen Schriftsteller und Theaterkritiker Julius Bab stellte sich der Krieg als «überpersönliche, vollkommen naturhafte Katastrophe»[8] dar.

Diese Situation schuf grossen Spielraum für die staatliche Propaganda, die dafür sorgte, dass der Konflikt in allen beteiligten Ländern als gerechter Verteidigungskrieg wahrgenommen wurde. Insbesondere in bürgerlich-akademischen Kreisen herrschte eine eigentliche Kriegsbegeisterung – in Deutschland mythisierend als «Augusterlebnis» bezeichnet –, die aus heutiger Sicht kaum nachzuvollziehen ist. Man muss sich aber vor Augen halten, dass die Zeitgenossen nicht wussten, wie lange und wie grausam der Krieg werden würde. Auch hatten Jahre des Wettrüstens und der imperialistischen Propaganda eine Spannung aufgebaut, deren Entladung manchem als befreiend erschien. Die Begeisterung nährte sich zudem aus dem Gefühl, dass der Krieg eine Zeit sinnloser innerstaatlicher Querelen, die viele als satt, langweilig und dekadent empfunden hatten, endlich beendete. Schon 1911 hatte ein Dichter wie Georg Heym den Krieg wortgewaltig als Erlösung aus der Stagnation der Belle Epoque imaginiert. Nun, da er da war, galt er als reinigendes Gewitter und härtendes Stahlbad. «Wir waren Kaffeehausmenschen, Musikschwärmer, Dilettanten, Genusslinge, Frauenknechte. Nun entleeren sich Cafés, Theater, Paläste, Ateliers und Bars, Frack, Smoking fallen ab, Lackschuhe fliegen in die Ecke, und Männer gehen hervor»[9], schrieb der deutsche Schriftsteller Kurt Münzer. Der österreichische Schriftsteller Hermann Bahr rief freudig aus, der Krieg gereiche dem deutschen Volk «zum Heil» und wünschte sich gar, es solle «lieber ewig Krieg bleiben»[10], als dass das neue Einheitsgefühl wieder verloren ginge (ab S. 38). Im Zeichen des «Burgfriedens» beziehungsweise der «Union sacrée» verstummte beinahe jegliche Opposition. So stimmten auch die sozialistischen Parteien für die Kriegskredite, pazifistische Gruppierungen zerfielen vorübergehend.

Nur wenigen, die sich öffentlich äusserten, war es nicht nach Feiern, sondern nach Sterben zumute. Für den französischen Schriftsteller und Pazifisten Romain Rolland (ab S. 132) war der Krieg nichts anderes als ein «gotteslästerliches Gemetzel», das Europa unabhängig von seinem Ausgang «zum Krüppel» machen werde.[11] Die Schriftstellerin Annette Kolb (ab S. 145), die auch wegen ihrer deutsch-französischen Herkunft zwischen die Fronten geraten war, beschrieb die Zeit nach Kriegsausbruch als «Tage innerster Abkehr und Zerfallenheit»[12]. Der deutsche Soziologe Leopold von Wiese war davon überzeugt, dass sich der Krieg negativ auf die Gesellschaft auswirke. Er hatte die Militarisierung als Sohn eines preussischen Offiziers und in Kadettenanstalten am eigenen Leib erfahren. Die «einfältigen Menschen» bekämen in Kriegszeiten stärkere Geltung, «die innerlich zwiespältigen und problematischen, die wissenden, sensitiven, nervösen» würden beiseite gedrängt. «Menschlichkeit, Schönheit, Güte, Freiheit und Wahrheit» würden dadurch «heimatlos».[13]

Von Barbaren und Heldenvölkern

Alliierte Autoren waren sich einig, dass Deutschland im Verbund mit Österreich den Krieg provoziert habe. Deutschland nutze das Attentat von Sarajewo, um seine Pläne von der Weltmacht in die Tat umzusetzen. «Dass es den Grossen Krieg geplant hat, ist mittlerweile unbestritten.»[14] Durch den Einmarsch in die neutralen Länder Luxemburg und Belgien, mit dem Deutschland den Krieg an der Westfront eröffnete, hätten sich die Mittelmächte diskreditiert.

Auf deutscher Seite herrschte dagegen die Überzeugung, sich gegen eine «Einkreisung» zu wehren. So hätten «englischer Krämerneid, russische Raubgier und französische Rachsucht»[15] Deutschland in den Krieg getrieben. Nur ein schneller Durchmarsch durch Belgien habe den Versuch erlaubt, einen Zweifrontenkrieg zu verhindern. Auch habe Belgien seine Neutralität durch geheime Absprachen mit Frankreich und Grossbritannien schon längst selbst gebrochen.

Grossbritannien galt vielen deutschen und österreichischen Autoren als Hauptfeind und in besonderem Masse verabscheuungswürdig. Die Engländer nutzten den Schutz der belgischen Neutralität als Vorwand, um einen wirtschaftlichen Rivalen auszuschalten, und erwiesen sich als «neidisches, mit Menschen wie mit Zahlen rechnendes, aller Ideale bares Volk»[16]. Die schärfste Spielart dieser weit verbreiteten Englandkritik findet sich bei dem renommierten deutschen Soziologen Werner Sombart (ab S.47), der dem «Warenhause England»[17] jegliche Kultur in Abrede stellte.

Bis Mitte Oktober wurden in Belgien und Nordfrankreich rund 6500 Zivilisten getötet und zahlreiche Ortschaften zerstört. In Löwen verbrannte die Universitätsbibliothek mit ihrem Bestand an wertvollen Büchern und Handschriften. Die Kathedrale von Reims wurde durch deutsche Geschosse beschädigt. Diese tatsächlich verübten Kriegsverbrechen wurden in der französischen Propagandaliteratur mit weiteren schlimmsten, grösstenteils erfundenen Gräueltaten angereichert. Der französische Journalist Jean Finckelhaus beispielsweise schrieb:

«Man reisst den Gefangenen ihre Beine aus, indem man sie vierteilt, oder man entnimmt ihnen die Eingeweide, nachdem man ihnen den Schädel mit einem Schlag des Gewehrkolbens gespalten hat. Den Frauen schneidet man die Brüste ab, den Kindern ihre kleinen Hände; man ermordet die Ärzte, die die Verletzten versorgen; man wirft die Kranken auf die Strasse und schneidet den Priestern zu Hunderten die Kehle durch.»[18]

Genauso zweifelhaft war der Wahrheitsgehalt der Anschuldigungen, die das deutsche Militär und deutsche Autoren gegen die belgische Bevölkerung richteten. Nur der «anständigen und gesitteten Kriegführung der deutschen Truppen» sei es zu verdanken, so der deutsche Oberleutnant Wilhelm von Trotha, dass Belgien «vor dem Ärgsten» bewahrt worden sei.[19] «Verstümmelungen Verwundeter und Waffenloser, Schüsse aus dem Busch und von den Dächern, Messerattentate – Greuel über Greuel»[20] seien von den Belgiern verübt worden. Diese «Franctireursattentate» – Angriffe von Freischärlern und Zivilisten –, mit denen die Zerstörungen und Massentötungen entschuldigt wurden, existierten in dem angegebenen Umfang jedoch nicht. Die Russen, die in Ostpreussen zahlreiche Dörfer zerstörten – auf deutscher Seite sprach man von 1500 Todesopfern –, wurden als «Mordbrenner, Diebe und Frauenschänder»[21] und als «Barbaren»[22] bezeichnet, deren Verhalten auf die gesamte Entente zurückfiele. Ausserdem äusserten viele deutsche Autoren eine krasse rassistische Abscheu über den Einsatz von Kolonialtruppen. Es sei eine Schande, dass der Deutsche «gegen so etwas»[23] ins Feld ziehen müsse, wie es der deutsche Kriegsberichterstatter Heinrich Binder ausdrückte.

Die Wortgefechte blieben beim militärischen Konflikt nicht stehen, da der Krieg nicht mehr nur als Mittel staatlicher Machtpolitik, sondern auch als «Weltanschauungskrieg», als «heiliger Krieg» wahrgenommen wurde. So waren viele deutsche und österreichische Autoren der Meinung, einem «Kampf der Genialität gegen halb morsche und im Sinken begriffene Kulturen und gegen Barbaren»[24] beizuwohnen. Der germanische Kulturkreis habe eine neue Zivilisationsstufe, den «Organisationsstaat»[25], erreicht. Der viel kritisierte Militarismus sei eine Ausdrucksform dieser überlegenen Gemeinschaftsordnung, in der sich das Individuum für Staat und Volk aufopfere. Den «Ideen von 1789», die den deutschen und österreichischen Intellektuellen als individualistisch und materialistisch galten, wurden die «Ideen von 1914» entgegengestellt – ein neuer, an der Gemeinschaft orientierter Idealismus –, die allerdings stets unscharf blieben. Für Werner Sombart waren die Deutschen damit nicht weniger als das «auserwählte Volk»[26], das als einziges die weitere Menschheitsentwicklung in sich trage.

Zahlreiche französische, belgische und britische Autoren waren dagegen der Meinung, das wahre Gesicht Deutschlands zeige sich im Angriffskrieg und im völkerrechtswidrigen Verhalten seiner Soldaten. Militarismus und Kriegsidolatrie seien Ausdruck eines Grössenwahns der deutschen Rasse, «die auf halber Höhe der Zivilisation stehen blieb»[27]. Den Deutschen sei eine hunnengleiche, «natürliche barbarische Brutalität»[28] eigen. Der Elsässer Priester Emile Wetterlé, der bis im März 1915 noch im deutschen Reichstag gesessen hatte, schrieb:

«Der Deutsche, hochmütig und kriecherisch zugleich, respektiert nur die Gewalt. Wo er sie hat, missbraucht er sie, denn für ihn ist sie der Zweck, nicht das Mittel. Er ist brutal aus Instinkt und liebt es, anderen Leid zuzufügen aus purer Lust zu beweisen, dass er der Herr ist. Genauso unterwirft er sich beinahe mit Entzücken, wenn jemand mächtiger ist als er selbst.»[29]

Die meisten Journalisten, Schriftsteller und Professoren, die 1914/15 über den Krieg schrieben, trugen zur Entgrenzung des Konflikts bei und verunmöglichten damit das Zustandekommen eines Verständigungsfriedens. Der Krieg wurde zum «Kampf auf Leben und Tod»[30] erklärt, in dem nur «Siegen oder Sterben!»[31] blieb. Nur wenige Intellektuelle entzogen sich diesem hasserfüllten Krieg der Worte und wagten es bereits in dieser frühen Kriegsphase, sich öffentlich dagegen auszusprechen. Für Leopold von Wiese war die gefährliche «Hemmungslosigkeit der sich in Worten austobenden Wut» das Resultat eines übertriebenen Nationalismus, der jeden «Weg und Steg innerlichen Verstehens»

Zur Anklageschrift Frankreichs gegen Deutschland wegen „Verletzung der Menschenrechte"

Mahnung an den französischen Pfau: „Mit dem afrikanischen Schweif wagst du es, dich als Verteidiger der ‚verletzten Menschenrechte' in Europa aufzuspielen?"

Kladderadatsch, 1915.

zwischen den Nationen zerstöre[32]. Romain Rolland kritisierte die Denker, Pazifisten, Kirchenleute und Sozialisten aller Nationen, die sich von der imperialistischen Epidemie anstecken liessen. «Sie schüren den Brand. Jeder schüttet sein Öl ins Feuer.»[33] Annette Kolb sprach sich mitten in Deutschland vehement und mutig gegen die hetzerische Presse beider Kriegsparteien aus, die alle Bande zwischen den Völkern zerstöre und damit für den Krieg mitverantwortlich sei. Der britische Essayist Arthur Clutton-Brock (ab S. 122) rief wiederholt dazu auf, sich die Soldaten zum Vorbild zu nehmen, «die wissen, dass ihre Feinde keine Teufel, sondern Menschen sind»[34].

Wer Militärs, Staatsmänner und Kriegshetzer kritisierte oder einen sofortigen Frieden forderte, wurde verunglimpft, verfolgt oder – wie der deutsche Dichter Bruno Schoenlank (S. 25) – verhaftet. Pazifistische Organisationen wurden verboten, Schriften zensuriert. Der deutsche Pazifist Richard Grelling (ab S. 157), der in seinem Buch «J'accuse!» die «ausschliessliche Schuld»[35] am Krieg den Mittelmächten zuwies, wurde des Landesverrats angeklagt. Viele Kriegskritiker emigrierten in die Schweiz, darunter auch der deutsche Schriftsteller und Dramaturg Hugo Ball, der 1916 in Zürich das «Cabaret Voltaire» mitbegründete. In seiner Glosse «Zürich» beschreibt er die Stimmung, die im Sommer 1915 in der Stadt herrschte (ab S. 179).

Vom Heldentod zum bitteren Sterben

Vor dem Kriegsausbruch hatten manche auf einen schnellen «Acht-Tage-Krieg»[36] gehofft, «ritterlich und antiseptisch wie ein Zweikampf zwischen Edelleuten»[37]. Die modernen Waffen seien zu zerstörerisch, als dass der Angegriffene sich auf eine Schlacht einlassen könne. Doch die Kriegswirklichkeit war ganz anders. «Tatsächlich hat niemand vorhergesehen, dass Schlachten unter modernen Bedingungen praktisch bewegungslos würden.»[38] Das galt vor allem für die Westfront, wo der Stellungskrieg bereits 1914 begann, nachdem die Alliierten im September an der Marne und im Oktober und November bei Ypern ein weiteres Vordringen der deutschen Truppen verhindert hatten.

Schriftsteller und Frontberichterstatter, die selbst nicht kämpf-

Nebelspalter, 1915.

„Ich schreibe diesen Bericht mitten im Gewühl des Kampfes, während mir die Kugeln um die Ohren fliegen."

ten, schilderten die neue Kriegsführung im Lichte der Verklärung. Die Soldaten hausten in den Schützengräben «wie Heilige in den Klöstern»[39], wie es der französische Lyriker André Suarès ausdrückte. Sie beschrieben die Schönheit der Mobilmachung, welche die Soldaten in «eine gewaltige, elektrisch geladene Maschine»[40] verwandelte, und priesen, wie Kurt Münzer, aus sicherer Entfernung den Heldentod fürs Vaterland: «Jetzt stirbt es sich leicht, denn es ist zu grossem Zweck.»[41]

Daheimgebliebene, welche die Wirklichkeit dieses neuartigen Kriegs kennen lernen wollten, griffen deshalb nach Schilderungen von Augenzeugen. Erlebnisberichte von Soldaten gehörten zu den meistverkauften Büchern des ersten Kriegsjahres. Auch Zivilinternierte, Flüchtlinge, Ärzte oder Krankenschwestern schrieben. Letztere schilderten die wenig poetischen Resultate des Kriegs, die «zerrissenen, zersplitterten, zum Teil zerhackten, verbrannten und amputierten Glieder»[42] oder dachten – wie die österreichische Hilfspflegerin Ilka Künigl-Ehrenburg (ab S. 101) – an das Leid der Familien, «wenn der Vater so grauenhaft entstellt heimkommen wird, dass sie ihn fast nicht wiedererkennen»[43].

Zwar waren auch die meisten Soldaten bereit, ihr Leben fürs Vaterland hinzugeben. Keiner der hinten vorgestellten «Frontschriftsteller» zweifelte an der Gerechtigkeit des Kriegs und des eigenen Vorgehens. Landwehrhauptmann Paul Oskar Höcker (ab S. 71) beispielsweise berichtete ohne grosse Rührung von der Erschiessung belgischer Zivilisten im Kampf gegen «Franctireurs». Die Kämpfenden schilderten den Krieg jedoch weit nüchterner als die Autoren in der Heimat und erzählten von der «Schützengrabenhockerei»[44], bei welcher man nur «tatenlos den Tod erwarten»[45] könne, wie es der Gefreite Albert Leopold (ab S. 91) ausdrückte, von den Schrecken des Artilleriefeuers, welches die Getroffenen «als eine kaum mehr entwirrbare blutige Masse»[46] zurückliess und die Nerven der Überlebenden zerrüttete, von verlustreichen Sturmläufen auf Schützengräben und Dörfer – und fragten sich: «Ging's denn wirklich bloss um die Schornsteine da drüben?»[47]

Nach den ersten Kampferfahrungen sahen die Soldaten auch den Tod weit weniger verklärt als die Autoren zu Hause. Leutnant Martin Lang (ab S. 81) vermerkte nach dem Anblick hunderter Gefallener: «Keiner lag friedlich da. Jedes Gesicht, mit gebrochenem Blick und offenem Munde, trug den Ausdruck eines ungelösten Krampfes.»[48] Todesangst schlich sich ein:

«Das ferne dumpfe Grollen raunte dem lauschenden Ohr wie ein unheimliches Echo zu, was die verwundeten Kameraden aus dem Lazarettzug uns beim Abfahren nachgerufen hatten: ‹Lückenbüsser! Kanonenfutter! Kanonenfutter! Lückenbüsser!›»[49]

Im Stellungskrieg fühlten sich die Truppen den Feinden in den nahen gegnerischen Schützengräben manchmal näher als den befehlenden Militärs in ihren sicheren Stellungen. Davon zeugt der sogenannte Weihnachtsfriede von 1914, als es an beiden Fronten zu kurzen unautorisierten Waffenruhen kam. Kavallerieleutnant Marcel Ernest Béchu erlebte diesen in den Schützengräben bei Reims (ab S. 112).

Zwischen Brüdern und Nachbarn

Der Krieg beschäftigte auch Schweizer Autoren in hohem Masse. Viele Deutschschweizer wie der Major Hermann Alfred Tanner, der als Kriegsberichterstatter der «Basler Nachrichten» die Ostfront besuchte, oder Private wie Josef Strebel und Gottlieb Wilhelm Zimmerli, die Reiseberichte verfassten, konnten ihre Sympathie für Deutschland und Österreich-Ungarn nicht verbergen. Tanner pries «das Jugendfeuer und die Mannszucht»[50] der deutschen und österreichischen Soldaten. Am deutschen Sieg sei nicht zu zweifeln. Schriftsteller wie Ernst Zahn und Jakob Christoph Heer nahmen ebenfalls für Deutschland Partei. Heer warf Belgiern und Russen Gräueltaten vor und bezeichnete es als abscheulich, «dass die Gorillagestalt eines Negers und die Katzenfigur eines Mongolen» gegen den deutschen «Menschheitsadel» losgelassen würden.[51] Ernst Zahn lastete im Gedicht «Sturmlied» Deutschlands Feinden die Kriegsschuld an und rief seinem «Vaterland» – Zahn war Schweizer, jedoch deutscher Abstammung – die Losung «Sterben oder siegen!» zu.[52] Er musste daraufhin als Präsident des Schweizerischen Schriftstellervereins zurücktreten.

In der Romandie überwog die Sympathie für die Entente. Die Verletzung der belgischen Neutralität und die Verwüstungen in Belgien und Nordfrankreich lösten grosse Empörung aus. Dass der Bundesrat auf eine Verurteilung dieser Vorgänge verzichtete, stiess auf Unverständnis. Der Waadtländer Schriftsteller Benjamin Vallotton und der bereits erwähnte Georges Wagnière veröffentlichten Berichte über ihre Reisen an die Westfront und gaben Gräuelgeschichten wieder, die ihnen vor Ort erzählt worden waren. Deutschland verfalle der Barbarei, schrieb der Genfer Künstler Maurice Baud. «Wenn das Wort nichts mehr gilt, wenn Verträge inexistent sind, wenn Gewalt vor Recht geht, wenn der Zweck die Mittel heiligt, wenn der Sieg alles rechtfertigt, dann bedeutet dies die Rückkehr zur Barbarei – schlimmer! – zur Bestialität ...»[53] Der Genfer Schriftsteller Louis Dumur stellte in seinen Werken die Existenz einer deutschen Kultur in Abrede und zeichnete die Soldaten der Mittelmächte als brutale Barbaren. Sein Essay «Culture française et culture allemande» (ab S. 60) ist unter umgekehrten Vorzeichen genauso dünkelhaft und einseitig wie das englandfeindliche Pamphlet Werner Sombarts.

Während franko- bzw. germanophile Autoren die Neutralität und Einheit der Schweiz ganz in Frage stellten, schrieben zahlreiche Intellektuelle wie der Schriftsteller Carl Spitteler («Unser Schweizer Standpunkt», 1914), der Literaturprofessor Paul Seippel oder der Psychotherapeut Paul Dubois (ab S. 170) gegen eine drohende Spaltung des Landes an und versuchten, das Konzept der Neutralität mit neuem Inhalt zu füllen. Wer neutral sei, müsse Ungerechtigkeiten nicht verschweigen, sich aber von jeglichen Verleumdungen distanzieren. Die Schweiz müsse ein Vorbild für Europa sein. Doch solch moderate Worte reichten bereits, um in der Schweiz und im Ausland angegriffen zu werden.

Vom «letzten Krieg» zum Zweiten Weltkrieg

Genauso wie über die Kriegsursachen herrschte auch darüber Uneinigkeit, wie der Krieg am besten beendet werden solle. Ein nachhaltiger Friedensschluss müsse erzielt werden, darin war sich eine Mehrheit der Zeitgenossen einig, doch wurden aus diesem Ziel ganz unterschiedliche Schlüsse gezogen.

Wer die deutsche Seele als nachhaltig verderbt ansah, forderte, wie Emile Wetterlé, konsequenterweise «die vollständige Vernichtung Deutschlands»[54] oder zumindest eine harte Bestrafung. «Wenn wir das Deutsche Reich schonen, wenn wir ihm nach seiner Niederlage einen ehrenhaften Frieden gewähren, wird alles in zehn Jahren von vorn beginnen.»[55] Wer in den Deutschen das auserwählte Volk sah, forderte einen Siegfrieden, der Deutschland unangreifbar machen würde. Nur wenige Weitsichtige, darunter Leopold von Wiese, erkannten, dass «ein zweiter und dritter Weltkrieg»[56] drohte, wenn solche Vorschläge in die Tat umgesetzt würden. Doch Autoren, die den Verzicht auf Repressalien und Annexionen forderten, wurden als «kleinmütige, um nicht zu sagen kriminelle Geister»[57] verhöhnt.

Die Worte von H. G. Wells, den bereits vor dem Ersten Weltkrieg Zweifel am stetigen Fortschritt beschlichen hatten, muten heute wie eine düstere Prophezeiung an: «Vielleicht wird das zwanzigste Jahrhundert letzten Endes doch nicht so prosperierend wie das neunzehnte. Vielleicht erleben wir keinen ungebremsten Fortschritt, sondern einen Rückschlag.»[58]

Alle Hinweise in eckigen Klammern im Text, die Endnoten und die Übersetzungen der Zitate im Vorwort stammen von der Herausgeberin. Kürzungen sind durch [...] gekennzeichnet. Bei den deutschen Texten wurde die originale Schreibweise beibehalten, hingegen wurde das in der Schweiz nicht verwendete ß durchgängig durch ss ersetzt.

1 Dumont-Wilden, Louis: L'occupation allemande à Bruxelles racontée par les documents allemands. Paris 1915. S. 5. – Signatur Museumsgesellschaft (MUG): F 6922: e.
2 Kellermann, Hermann: Der Krieg der Geister. Eine Auslese deutscher und ausländischer Stimmen zum Weltkriege 1914. Weimar, Dresden 1915. Vorwort (ohne Seitenzahl). – MUG: G 5892.
3 Wells, Herbert George: An Englishman looks at the world. Being a series of unrestrained remarks upon contemporary matters. Leipzig 1914. S. 134. – MUG: A 4173.
4 Ebd., S. 145.
5 Wagnière, Georges: 1914 – Près de la guerre. En Suisse, en France, en Angleterre, sur le front. Genf 1915. S. 67. – MUG: F 6918.
6 Seippel, Paul: Alarm. Zur Einführung. In: Schweizerischer Schriftstellerverein (Hg.): Grenzwacht. Frauenfeld 1915. S. 5. – MUG: G 6078.
7 Wells, S. 349.
8 Bab, Julius: Am Rande der Zeit. Betrachtungen 1914/15. Berlin 1915. S. 7. – MUG: G 6147.
9 Münzer, Kurt: Der Wert des Lebens. Gedanken und Erlebnisse im Kriege. Konstanz 1915. S. 10. – MUG: G 6117.
10 Bahr, Hermann: Kriegssegen. München 1915. S. 20, 24. – MUG: G 5796.
11 Rolland, Romain: Au-dessus de la mêlée. Paris 1915. S. 24, 26. – MUG: F 7055 (Übersetzung: Rolland, Romain: Der freie Geist. Zürich 1946. S. 83, 85).
12 Kolb, Annette: In Dresden. Sechster und siebenter Brief an einen Toten. In: Die Weissen Blätter, Heft IX 1915. Leipzig 1915. S. 1155. – MUG: C 186: a.
13 von Wiese, Leopold: Gedanken über Menschlichkeit. München, Leipzig 1915. S. 54, 68. – MUG: G 6129.
14 Courtney, William Leonard: Causes of the great European war. In: J. M. Kennedy: How the war began. London, New York, Toronto 1914. S. xxv. – MUG: A 4199.
15 Flaischlen, Cäsar: Deutscher Weltkrieg. In: Leopold Klotz (Hg.): Deutsche Dichter-Kriegsgabe. Gotha 1914. S. 144f. – MUG: G 5682.
16 von Trotha, Wilhelm: Mit den Feldgrauen nach Belgien hinein. Kriegserlebnisse und Schilderungen. Leipzig 1915. S. 7. – MUG: G 5843.
17 Sombart, Werner: Händler und Helden. Patriotische Besinnungen. München, Leipzig 1915. S. 48. – MUG: G 5792.
18 Finot, Jean [= Jean Finckelhaus]: Civilisés contre Allemands. La grande croisade. Paris 1915. S. 163. – MUG: F 6951.

19 von Trotha, S. 8.
20 Bab, S. 30.
21 von Wolzogen, Ernst: Landsturm im Feuer. Berlin, Wien 1915. S. 176. – MUG: G 5902.
22 Brandt, Rolf: Fünf Monate an der Ostfront. Kriegsberichte. Berlin 1915. S. 11. – MUG: G 5823.
23 Binder, Heinrich: Mit dem Hauptquartier nach Westen. Aufzeichnungen eines Kriegsberichterstatters. Stuttgart, Berlin 1915. S. 90. – MUG: G 5874.
24 Olbricht, Konrad: Politische und volkswirtschaftliche Geographie Europas. In: Kurt L. Walter van der Bleek (Hg.): Die Vernichtung der englischen Weltmacht und des russischen Zarismus durch den Dreibund und den Islam. Berlin 1915. S. 112. – MUG: G 5768.
25 Naumann, Friedrich: Mitteleuropa. Berlin 1915. S. 108. – MUG: G 6119.
26 Sombart, S. 142.
27 Davignon, Henri: Les procédés de guerre des Allemands en Belgique. Paris 1915. S. 13. – MUG: F 6922: c.
28 Wetterlé, Émile: Propos de guerre. Paris 1915. S. 153f. – MUG: F 6938.
28 Lavisse, Ernest: Pages choisies. Paris 1915. S. 110f. – MUG: F 7047.
30 Choate, Joseph H.: Introduction. In: J. A. Cramb: Germany and England. London 1915. S. xiv. – MUG: A 4223.
31 Natorp-Marburg, Paul: Von der Gerechtigkeit unserer Sache. Ein Wort an unsere Brüder im Felde. In: Nach der Schlacht. Ein Kriegsbuch in Prosa und Lyrik. Hagen 1915. S. 10. – MUG: G 5800.
32 von Wiese, S. 54, 83.
33 Rolland, S. 26 (Übersetzung: S. 84).
34 Clutton-Brock, Arthur: Thoughts on the war. London 1915. S. 74. – MUG: A 4268.
35 Grelling, Richard: J'accuse!. Lausanne 1915. S. 6. – MUG: G 5854.
36 Münzer, S. 15.
37 Chiesa, Francesco: Blätter unter der Asche in Tagen lodernder Flammen. Zürich 1915. S. 41. – MUG: G 5978.
38 Parker, Gilbert: The world in the crucible. An account of the origines & conduct of the great war. London 1915. S. 383. – MUG: A 4236.
39 Suarès, André: Nous et eux. Paris 1915. S. 17. – MUG: F 7009.
40 von Wolzogen, S. 54.
41 Münzer, S. 19.
42 Sturzenegger, Catharina: Serbien im europäischen Kriege 1914/15. Zürich 1915. S. 122. – MUG: G 6001.
43 von Michaelsburg, I. [= Ilka Künigl-Ehrenburg]: Im belagerten Przemysl. Tagebuchblätter aus grosser Zeit. Leipzig 1915. S. 50. – MUG: G 6157.
44 Leopold, Albert: Im Schützengraben. Erlebnisse eines schwäbischen Musketiers auf der Wacht und beim Angriff in Polen. Stuttgart 1915. S. 45. – MUG: 6028.
45 Ebd., S. 92.
46 von Wolzogen, S. 203f.
47 Leopold, S. 77.
48 Lang, Martin: Feldgrau. Erste Kriegserlebnisse in Frankreich. Stuttgart 1915. S. 74. – MUG: G 6027.
49 von Wolzogen, S. 43.
50 Tanner, Hermann Alfred: Frontberichte eines Neutralen. Berlin 1915. S. 32. – MUG: G 6163.
51 Heer, Jakob Christoph: Leitwort. In: Zimmerli, Gottlieb Wilhelm: Durch Frankreich und Deutschland während des Krieges 1914/1915. Beobachtungen und Erlebnisse eines Schweizers. Berlin 1915. S. 5. – MUG: G 5905.
52 Zahn, Ernst: Sturmlied. In: Kellermann, S. 272.
53 Baud, Maurice: Propos licites sur l'actualité politique. Lausanne 1914. S. 21. – MUG: F 6840: f.
54 Wetterlé, S. 203.
55 Ebd., S. 155f.
56 von Wiese, S. 82.
57 Finot [= Finckelhaus], S. 339.
58 Wells, S. 327.

«Dieser Krieg ist uns zum Heil»

Nach einer landwirtschaftlichen Ausbildung arbeitete Bruno Schönlank (1891–1965) von 1911 bis 1913 als Buchhandlungsgehilfe in Stuttgart. Nach einer Reise durch Westeuropa kehrte er bei Kriegsbeginn an seinen Geburtsort Berlin zurück. Er wurde eingezogen, nach kurzer Zeit verwundet und dienstuntauglich erklärt. Der Gedichtzyklus «Der Knabe im Krieg», zu dem «Militärzug» zählt, erschien im Juni 1915 in der pazifistischen Literaturzeitschrift «Die Weißen Blätter». Im November 1915 führte er in Berlin eine Friedensdemonstration an und wurde verhaftet. In den 1920er-Jahren brachte er zahlreiche Sprechchorwerke zur Aufführung, die Anliegen der Arbeiterbewegung vertraten. 1933 emigrierte Schönlank nach Zürich, wo er bis zu seinem Tod als freier Schriftsteller lebte und auch Mitglied der Museumsgesellschaft war.

Bruno Schoenlank

Militärzug

Durch klingende Winternacht
Rattert der Zug.
Und wir fahren, fahren, fahren:
Telegraphenstangen gleiten
Mit uns
Und die tiefverschneiten
Dörfer, Städte schlummern sacht.
Meine Kameraden ruhn.
Aus dem Schlaf schrickt einer:
«Mutter».
Doch der Schlummer breitet wieder
Über ihn sein graues Traumgefieder.
Morgendämmrung weckt den Tag.
Und wir fahren, fahren, fahren
Tag und Nacht und Nacht und Tag,
Weiss nicht, wo wir gestern waren,
Und was heute kommen mag.
Eines nur: Noch will ich trinken
Gottesgoldner Sonne Licht
Und den Frauen und den Kindern winken.

Lieder flattern und zerreissen
Und wir fahren auf den blanken Gleisen,
Todgeweihte.

Auguste Gauvain

«Österreich agiert hinter den Kulissen, während Deutschland auf der Bühne das Publikum unterhält»

Les origines de la guerre européenne. Paris 1915.

Auguste Gauvain (1861–1931) absolvierte die «École libre des sciences politiques» in Paris sowie ein rechtswissenschaftliches Studium. 1888 nahm er am diplomatischen «Concours» teil, wurde jedoch nicht angenommen. Daraufhin schrieb er für die Pariser Tageszeitung «Journal des débats» und war Chefredaktor des politischen Jahrbuchs «La vie politique à l'étranger». 1893 erfolgte dann doch der Wechsel in die Diplomatie: Gauvain wurde zum Generalsekretär der «Europäischen Donaukommission» im rumänischen Galați ernannt, wo er sich fundierte Kenntnisse der Geschichte und der politischen Situation Osteuropas aneignete. Von 1904 bis 1908 fungierte er als Sekretär des «Zentralamts für den internationalen Eisenbahnverkehr» in Bern.

1908 übernahm Gauvain die Leitung des aussenpolitischen Ressorts des «Journal des débats». Die Annexion des vormals zum Osmanischen Reich gehörenden Bosnien-Herzegowina durch Österreich-Ungarn im Oktober 1908 stand damals kurz bevor. Es war abzusehen, dass die Unruhen auf dem Balkan noch länger anhalten würden. Gauvains Osteuropa-Erfahrung empfahl ihn damit für die Stellung, die er bis zu seinem Tod innehatte.

Am 28. Juni 1914 erschoss der bosnisch-serbische Student Gavrilo Princip in Sarajewo Erzherzog Franz Ferdinand, Thronfolger Österreich-Ungarns, und dessen Frau Sophie. Princip wollte das Ende der österreichisch-ungarischen Herrschaft in Bosnien-Herzegowina herbeiführen. Wie die europäische Öffentlichkeit erkannte auch Gauvain, der als vorzüglich informiert galt, erst allmählich, dass das Attentat zu einem Konflikt grösseren Ausmasses führen könnte. Dies kann anhand seiner Artikel aus dem «Journal des débats», die vom 29. Juni bis zum

9. August 1914 erschienen sind und in «Les origines de la guerre européenne» als Sammlung herausgebracht wurden, gut verfolgt werden.

Die Ermordung von Erzherzog Franz Ferdinand
Montag, den 29. Juni 1914

Das abscheuliche Attentat, das gestern an Erzherzog Franz Ferdinand und seiner Frau verübt wurde, ist ein politisches Verbrechen. Die beiden Attentäter, von denen einer mit einer Bombe sein Ziel verfehlte, während unglücklicherweise dem anderen mit einem Revolver die Tat gelang, sind junge Männer aus Bosnien und Herzegowina. Sie gehören zu jener fanatischen serbokroatischen Jugend, die noch immer einen unerbittlichen Groll über die Eingliederung der beiden Provinzen in die Donaumonarchie hegt. [...]

Das gestrige Attentat ist ein entsetzliches, durch nichts zu rechtfertigendes, unverzeihliches Verbrechen, und wenn man bedenkt, dass ihm auch die Herzogin von Hohenberg zum Opfer fiel, eine Frau von Adel und vorbildlichem Lebenswandel, hoher Intelligenz und erhabenem Charakter, ist man nur umso empörter. Was geschah, ist eine Familienkatastrophe, aber eine nationale Katastrophe ist es nicht. Der unerwartete Tod von Erzherzog Franz Ferdinand zieht weder innere Schwierigkeiten nach sich noch äussere Gefahren. Er ist eine weitere Tragödie im Verlauf der langen, dramatischen Herrschaft des ehrwürdigen Kaisers Franz Joseph; aber er bedeutet keine Schwächung der Monarchie noch schadet er der Dynastie.

Erzherzog Franz Ferdinand war nicht qua Geburt zum habsburgischen Thronfolger bestimmt. Er wurde es erst nach dem Tod von Erzherzog Rudolf, dem einzigen Sohn von Franz Joseph und Kaiserin Elisabeth, und weil sein Vater, Erzherzog Karl Ludwig, der Bruder des Kaisers, auf den Thron verzichtete. [...] Erzherzog Karl Franz Joseph[1], verheiratet mit Prinzessin Zita von Bourbon-Parma und schon Vater eines kleinen Sohnes, ist in beiden Hälften der Monarchie allseits beliebt. Der Kaiser und König hegte bereits eine heimliche Vorliebe für ihn, die zu zeigen ihm freilich die Regeln des politischen Anstands verboten. Nun wird er seine Zuneigung und seine Bemühungen auf ihn konzentrieren. [...]

Die Folgen des Dramas von Sarajewo
Samstag, den 11. Juli 1914

Wer die aktuelle österreichisch-ungarische Presse verfolgt, kann sich nur wundern. Die Zeitungen, die am Tag nach dem Drama vom 28. Juni sofort gegen Serbien Stimmung machten, nutzen nun täglich den kleinsten Vorwand zur Befürwortung einer Vergeltungspolitik. Regelmässig informiert eine offizielle Bemerkung den Leser darüber, dass diese Politik nicht die der Regierung sei. An manchen Tagen schlagen die betreffenden Zeitungen einen gemässigteren Ton an, um gleich am nächsten Morgen wieder wegen irgendeiner Kleinigkeit zum Angriff überzugehen. [...]

Einerseits haben die persönlichen Freunde des unglückseligen ermordeten Erzherzogs eine Art Fronde organisiert, andererseits verwechseln die Mitglieder der klerikal-militärischen Partei ihre Wünsche mit der Wirklichkeit und versuchen, den Herrscher zum Handeln zu zwingen, indem sie ihre eigenen Pläne als verbindliche Beschlüsse der Regierung darstellen. Zu Recht oder zu Unrecht haben all diese Persönlichkeiten auf Erzherzog Franz Ferdinand gezählt, um in der Monarchie einen «neuen Kurs» der harten Hand einzuführen. Nun, nach dem plötzlichen Tod des Mannes, in den sie all ihre Hoffnungen gesetzt hatten, klammern sie sich an ihr System und ziehen impulsive und unsichere Gemüter auf ihre Seite. [...] Die Ermordung des Erzherzogs scheint in gewissen Berliner Kreisen eine herbere Enttäuschung hervorgerufen zu haben als in Wien selbst. Was auch immer die Unterredung von Konopiště [2] erbracht hat, es sieht alles danach aus, als habe Wilhelm II. dort mit Erzherzog Franz Ferdinand diverse militärische Vorbereitungsmassnahmen ausgetüftelt. [...]

Die österreichisch-ungarischen Absurditäten
Donnerstag, den 23. Juli 1914

Die österreichisch-ungarische Presse liefert dem europäischen Publikum ein überaus trauriges Spektakel. [...] Die Kampagne wird nicht mehr nur von den Organen der klerikalen Partei und des Grossen Generalstabs betrieben, sondern auch von den Zeitungen, die stets vorgegeben haben, die Ideen von Freiheit, Gerechtigkeit und sogar Pazifismus zu verteidigen. Nachdem sie sich tendenziöser Behauptungen bedient haben, greifen sie nun eindeutig zu Lügen. Seit über einer Woche veröffentlichen sie eine Falschmeldung nach der anderen. So haben sie etwa verkündet, die gerichtliche Untersuchung habe erwiesen, das Verbrechen von Sarajewo sei in Serbien mit Hilfe der serbischen Behörden vorbereitet worden. Dabei wurde von den offiziellen Ermittlungen bis heute nichts, aber auch gar nichts öffentlich gemacht; zudem tendiert die Faktenlage eher dazu, einen entsprechenden Verdacht zu zerstreuen. [...]

[W]enn nicht aufgeräumt wird mit den krassen Irrtümern, in denen man die österreichisch-ungarische Öffentlichkeit zu belassen versucht, bewegt sich die Doppelmonarchie auf ein Abenteuer zu, bei dem sie ihr gesamtes Schicksal aufs Spiel setzt.

Denn eines ist so sicher wie das Amen in der Kirche: Russland wird es nicht zulassen, dass irgendjemand die Unabhängigkeit und territoriale Integrität Serbiens antastet. Und mit dieser Haltung wird es nicht allein stehen. Die *Times* hat diesbezüglich gestern einen meisterhaften, mit äusserster Zurückhaltung geschriebenen Artikel veröffentlicht, der keinen Zweifel daran lässt, welche Konsequenzen eine kriegerische Initiative Österreich-Ungarns für Europa hätte. [...] Der Titel des *Times*-Artikels lautet «Eine Gefahr für Europa». Und es handelt sich tatsächlich um eine europäische Gefahr.

Die österreichische Forderung
Freitag, den 24. Juli 1914

Die österreichisch-ungarische Regierung hat soeben zu dem grossen Schlag ausgeholt, den sie seit dem Drama von Sarajewo vorbereitet hatte. Dieser Schlag übertrifft an Brutalität alles, was man zu befürchten wagte. Gestern hat Graf Berchtold[3] Belgrad eine Note überbringen lassen, in der die serbische Regierung und der König aufgefordert werden, innerhalb einer Frist von achtundvierzig Stunden, die morgen, Samstag, um sechs Uhr abends enden wird, ohne jeden Widerspruch eine Reihe äusserst harter Bedingungen zu akzeptieren, deren Formulierung diese Härte offenbar noch bewusst unterstreichen soll. [...]

Graf Berchtold zufolge hat die österreichisch-ungarische Untersuchung des Attentats von Sarajewo die direkte oder indirekte Schuld einer gewissen Anzahl serbischer Untertanen, darunter mehrerer Offiziere und Beamter, erwiesen. Man würde ja noch verstehen, wenn das Wiener Kabinett jenes von Belgrad drängte, nach Erhalt aller notwendigen Belege unverzüglich ein Ermittlungsverfahren gegen die fraglichen Personen einzuleiten. Ebenso würde man durchaus akzeptieren, wenn, nachdem man festgestellt hat oder festzustellen glaubte, dass der Mord an Erzherzog Franz Ferdinand und Herzogin von Hohenberg das Ergebnis anti-österreichischer Machenschaften gewisser serbischer Milieus ist, Graf Berchtold der serbischen Regierung die verdächtigen Kreise beziehungsweise die auf serbischem Territorium wohnhaften verdächtigen Individuen meldete und sie bäte, gegen diese Personen die gesetzlichen Strafen zu verhängen, die das Ergebnis der gerichtlichen Untersuchung verlangt. Doch die Verfasser der Note haben nicht diesen Weg gewählt. Sie erklären, ihre Ermittlungen seien zu den und den Ergebnissen gelangt, und fordern die serbische Regierung auf, unverzüglich die ihnen zufolge erforderlichen Strafen zu verhängen. Schlimmer noch, sie wollen durchsetzen, dass «in Serbien Organe der österreichisch-ungarischen Regierung bei der Unterdrückung der gegen die territoriale Integrität der Monarchie gerichteten subversiven Bewegung mitwirken». [...]

Je öfter man sich den Text der Note, wie er uns vorliegt, durchliest, umso klarer wird einem, dass er bewusst verfasst wurde, um Serbien in eine in der Geschichte noch nie da gewesene Erniedrigung oder in den Krieg zu treiben. Und auch den Zeitungen in Wien und Pest, deren aggressiven Ton wir gestern angeprangert haben, lässt sich deutlich entnehmen, dass man sich in Wien Krieg wünscht. [...]

Der Bruch zwischen Österreich und Serbien
Sonntag, den 26. Juli 1914

Der Bruch zwischen Österreich und Serbien ist vollzogen. Wahrheit und Ehre gebieten die Feststellung, dass dieser Bruch sich unter für Österreich-Ungarn beschämenden Bedingungen vollzieht. Gestern Abend kurz vor sechs Uhr hat Herr Pašić Freiherrn von Giesl die Antwort der serbischen Regierung auf die Forderung von Donnerstag überbracht[4]. *Diese Antwort beinhaltet eine generelle und grundsätzliche Annahme aller*, selbst der erniedrigendsten Bedingungen dieses beispiellosen Ultimatums. [...] Und doch wurde dieses in der Geschichte einzigartige Opfer noch als ungenügend erachtet. Das serbische Kabinett hat lediglich Erklärungen dazu verlangt, wie sich das Wiener Kabinett die Kontrolle durch seine Vertreter in Serbien im Einzelnen vorstellt, und Vorbehaltehinsichtlicheiner Übereinstimmung der österreichisch-ungarischen Forderungen mit internationalem Recht geäussert. Schliesslich hat Serbien vorgeschlagen, für den Fall, dass seine Antwort als ungenügend empfunden würde, den Haager Schiedsgerichtshof einzuschalten und notfalls die Mächte hinzuzuziehen, die im März 1909 an der Formulierung der damals dem Belgrader Kabinett auferlegten Bedingungen beteiligt waren.[5] Diese Vorbehalte, die derart milde sind, dass man kaum glauben mag, Serbien habe es dabei belassen, wurden als Weigerung gewertet. Fast unverzüglich, nachdem er Herrn Pašić empfangen hatte, brach Freiherr von Giesl die diplomatischen Beziehungen zu Serbien ab und reiste mit dem gesamten Personal der Auslandsvertretung nach Semlin. Österreich-Ungarn hat sich soeben selbst aus dem Kreis der zivilisierten Nationen ausgeschlossen. [...]

Die Zeit seit dem 28. Juni wurde nicht einer objektiven gerichtlichen Untersuchung gewidmet, sondern dazu genutzt, nach eigenem Gutdünken ein Dossier zusammenzustellen und eine Kampagne vorzubereiten. Niemand wird sich darüber hinwegtäuschen. Wäre es dem Wiener Kabinett darum gegangen, Europa darüber zu informieren, dass es fest von der serbischen Schuld überzeugt ist, hätte es den anderen Mächten noch vor etwaigen Vollstreckungsmassnahmen sein Dossier zukommen lassen. Hätte es nicht bereits beschlossen, Serbien in die Enge zu treiben, hätte es gestern die von Herrn Pašić überbrachte erstaunlich kompromissbereite Antwort akzeptiert. Doch nein, es hatte bereits den Angriff geplant, was wir ja ahnten, ohne es glauben zu wollen. Europa fällt zurück in die Barbarei. [...]

Für jedermann steht heute ausser Zweifel, dass Russland das

Tête-à-Tête zwischen Österreich und Serbien nicht zulassen und dieser Konflikt weder Frankreich noch Grossbritannien gleichgültig lassen wird. Die Ehre Europas und die Interessen der Zivilisation stehen auf dem Spiel. In London und Paris wie auch in Petersburg versteht man allenthalben, dass die österreichisch-serbische Frage in erster Linie eine europäische Frage ist und die Hinrichtung Serbiens vor den Augen eines gleichgültigen Europas unweigerlich zu einer deutschen Hegemonie führen würde, das heisst, zum politischen, wirtschaftlichen und kommerziellen Untergang Westeuropas und der slawischen Welt. [...]

Die österreichische Kriegserklärung
Mittwoch, den 29. Juli 1914

Österreich-Ungarn hat Serbien den Krieg erklärt. Kaiser Franz Joseph hat eine Proklamation «an seine Völker» gerichtet, in der es unter anderem heisst: «Ich habe alles geprüft und erwogen. Mit ruhigem Gewissen betrete Ich den Weg, den die Pflicht Mir weist.» [...] Kaiser Franz Joseph schreitet heute zu einer in den vergangenen Wochen gut durchdachten, abgestimmten, ausgeheckten Tat. Er stürzt sich auf ein kleines, harmloses Volk, dem er seine eigenen bösen Absichten unterstellt. Er lässt jenen wilden Leidenschaften freien Lauf, welche die Leute von der *Reichspost* und der *Danzer's Armee-Zeitung* seit 1909 hemmungslos ausbreiten. Als Vorwand dient ihm ein auf seinem Territorium von seinen Untertanen verübtes Attentat gegen einen österreichischen Prinzen, von dem die eigenen Eltern eine Menge zu befürchten hatten und dessen Existenz Serbien gleichgültig war. [...]

Österreich-Ungarn als Herrscher über den Balkan, das bedeutet: Deutschland herrscht über Konstantinopel und Kleinasien, die Frage der Meerengen[6] wird zu Ungunsten Russlands und der westlichen Nationen abgehakt, Russland wird nach Asien zurückgeworfen und Europa dem Deutschtum ausgeliefert. Man müsste blind oder verrückt oder beides zugleich sein, um nicht zu sehen, dass die deutsch-österreichische Diplomatie derzeit alles tut, um die europäische Diplomatie mit ihrem Geschwätz hinters Licht zu führen. In dieser Tragikomödie sind die Rollen geschickt verteilt. Österreich agiert hinter den Kulissen, während Deutschland auf der Bühne das Publikum unterhält. Nach erfolgtem Coup wird man den Vorhang fallen lassen und das Publikum bitten, nach Hause zu gehen. [...]

Am Vorabend des Krieges
Samstag, den 1. August 1914

Die letzten Batterien sind enttarnt. Angesichts der offiziellen österreichischen Generalmobilmachung und der unter dem Vorwand des Belagerungszustands heimlich vollzogenen deutschen Generalmobilmachung musste auch Russland die Generalmobilmachung verkünden. Jede Verzögerung hätte ihm und dem zivilisierten Europa zum Verhängnis werden können. Wie wir es seit dem österreichischen Ultimatum an Serbien unablässig wiederholen, haben Deutschland und Österreich die Verwirklichung ihres enormen Hegemonialstrebens mittels Waffengewalt bis ins Kleinste vorbereitet. Alles wurde ausgeheckt, um die anderen Mächte und die europäische Öffentlichkeit zu täuschen, um Deutschland und Österreich zu ermöglichen, unter dem Vorwand eines österreichisch-serbischen Krieges einige Tage Zeit für die militärische Vorbereitung zu gewinnen. [...] Russland, das sich seinerseits durch die Kriegserklärung an Serbien selbst ins Visier genommen fühlte und das Slawentum in Gefahr sah, hat entscheidende und absolut unerlässliche Massnahmen getroffen. Gestern hat Herr von Schoen[7] zudem die französische Regierung gefragt, ob Frankreich im Falle eines Krieges zwischen Deutschland und Russland neutral bliebe, und seinen Wunsch nach rascher Antwort geäussert.

An Russlands und Frankreichs Antwort besteht kein Zweifel. Russland wird sich seine volle Handlungsfreiheit sichern, und Frankreich wird erklären, dass es im Falle eines Angriffs auf seinen Bündnispartner diesen unterstützen werde. [...]

Die serbische Frage rückt heute in den Hintergrund, sie diente nur als Vorwand für einen umfassenden, seit den Niederlagen Bulgariens auf dem Balkan[8] detailliert geplanten und vorbereiteten Krieg. In ihrer Gier nach Macht und Beute stürzen sich nun sämtliche deutsche Kräfte mit Feuereifer auf die westliche Zivilisation und das Slawentum. Sie werden vor keiner Zerstörung Halt machen, um den Feind zu schlagen, den zu unterwerfen sie sich geschworen haben. Wie wir es am Tag des Abbruchs der diplomatischen Beziehungen zwischen Österreich und Serbien bereits sagten, müssen nun alle zivilisierten Nationen gemeinsam Front machen gegen die neuerliche Invasion der Barbaren.

Die Kriegserklärung Deutschlands an Russland
Sonntag, den 2. August 1914

Die Ereignisse überschlagen sich und nehmen den Verlauf, den die deutsch-österreichische Politik für sie vorbereitet hat. Gestern hat Deutschland Russland den Krieg erklärt. Frankreich hat die Generalmobilmachung angeordnet. Mit der Kriegserklärung an Russland trifft Deutschland nicht in erster Linie unseren Verbündeten, sondern uns. Uns will es in den Krieg hineinziehen. Von uns erwartet es einen Akt, der es ihm erlauben würde, dem deutschen Volk weiszumachen, Frankreich habe es provoziert. An unserer Grenze, nicht an der russischen, zieht es seine seit mindestens zwei Tagen heimlich mobilisierten Truppen zusammen. Und da wir ruhig bleiben, Gewehr bei Fuss, lässt es auf unsere Vorposten schiessen und hofft, ein Gegenschlag unsererseits werde ihm Gelegenheit geben, das *Deutschtum* auf die französische Aggression hinzuweisen. So sehr will es uns und vor allem uns mit einem Blitzangriff treffen, dass es bereits Luxemburgs Neutralität verletzt hat. Derzeit besetzen die deutschen Truppen das Grossherzogtum. Und von Belgien befragt, ob es dessen Neutralität respektieren werde, wollte Deutschland seinem Nachbarn keine Zusicherung geben, während Frankreich Belgien die gleiche Frage ohne Zögern mit einer klaren Zusage beantwortet hat. [...]

Trotz aller Machenschaften seitens Bismarcks Schülern, trotz aller seit drei Wochen verbreiteten Falschmeldungen wird diesmal niemand auf der ganzen Welt, nicht einmal Deutschland selbst, behaupten können, ohne dabei schamlos zu lügen, Frankreich habe den Krieg gewollt. Der europäische Störenfried, das sind Deutschland und Österreich, die gemeinsam die Hegemonie anstreben.

Schon erkennt man überall im Ausland den aggressiven Charakter der deutsch-österreichischen Politik. Angesichts der heraufziehenden Gefahr, von der sie sich ebenso stark bedroht fühlen wie wir, haben sich die durch die *Home Rule* entzweiten Engländer wieder versöhnt und bilden nun einen einzigen Block. Die Verletzung der durch den Vertrag von 1867 garantierten Neutralität des Grossherzogtums Luxemburg ist angesichts der durch die Unterschrift Königin Viktorias eingegangenen Verpflichtungen eine Herausforderung. Deutschlands Weigerung, Belgien die Wahrung seiner Neutralität zu versprechen, zieht durchaus beängstigende Aussichten für die Sicherheit des britischen Empires nach sich. Morgen wird Herr Asquith[9] vor dem Unterhaus eine Erklärung abgeben, die wir voller Vertrauen erwarten. Unterdessen trifft die britische Admiralität alle in der gegenwärtigen Lage erforderlichen Vorkehrungen. [...]

Der germanische Ansturm und die Pflicht der Nationen
Montag, den 3. August 1914

[...] Unter dem Vorwand, dass Russland mobil gemacht habe, um das von Österreich-Ungarn angegriffene Serbien zu verteidigen, hat Deutschland Russland den Krieg erklärt, obwohl Russland sich nicht im Krieg mit Österreich-Ungarn befand. Von einem Bündnisfall konnte indes keine Rede sein, denn Deutschlands Bündnispartner war weder von Russland angegriffen worden noch hatte er Russland angegriffen.

Unter dem Vorwand, es befinde sich im Krieg mit Russland, fordert Deutschland Frankreich auf, seine Neutralität zu verkünden oder ihm, Deutschland, den Krieg zu erklären. Nachdem wir geantwortet haben, wir hielten dem russischen Bündnispartner die Treue, lässt es seiner Forderung indes keinen offiziellen Schritt folgen. Unsere Antwort bringt Deutschland aus der Fassung. Es will, dass wir ihm kraft des französisch-russischen Bündnisvertrags den Krieg erklären, um anschliessend der deutschen Nation und der italienischen Regierung sagen zu können, Frankreich habe Deutschland angegriffen. Gleichzeitig will es die deutsche Öffentlichkeit mitreissen, die gar nicht so enthusiastisch zu sein scheint, und auf der Basis des deutsch-italienischen Vertrags den Bündnisfall geltend machen. [...]

Gestern hat es die Neutralität des Grossherzogtums Luxemburg verletzt. Heute ist es im Begriff, die Neutralität Belgiens zu verletzten, falls das nicht bereits geschieht, während wir diese Zeilen schreiben. *Es hat Belgien aufgefordert, ihm die Nutzung des belgischen Territoriums für seine militärischen Operationen zu erlauben.* Es behauptet zu wissen, dass französische Kontingente sich darauf vorbereiteten, die belgische Grenze zu überqueren. Nie zuvor, seit es eine Diplomatie gibt und Nationen zusammenleben, wurde vor den Augen der Welt ein derartiger Zynismus an den Tag gelegt. Selbst Bismarck hat man darin schon weit übertroffen. Deutschland überfällt das neutrale Luxemburg mit dem Hinweis, es sei berechtigt (?), dessen Eisenbahnlinien zu benutzen. Es überfällt das belgische Territorium, weil angeblich der von ihm provozierte Feind, dem es nicht den Krieg erklärt hat, versucht sein könnte, es seinerseits zu überfallen.

Wenn die zivilisierten Nationen diesem Schauspiel stumm und tatenlos zusehen, wird es kein Europa und keine Zivilisation mehr geben. [...]

Der deutsch-französische Krieg
Dienstag, den 4. August 1914

Zwischen Frankreich und Deutschland ist der Krieg erklärt. Dies war der unvermeidliche Ausgang der diplomatischen Komödie, die Deutschland und Österreich-Ungarn seit drei Wochen spielen. Auch noch die letzten Worte, die der Vertreter Deutschlands in Paris gesagt hat, waren Lügen. Herr von Schoen benutzte die Behauptung, französische Flieger hätten den deutschen Luftraum verletzt, als Ausrede, um zu erklären, Deutschland sei «gezwungen gewesen, zu erklären, es befinde sich im Krieg mit Frankreich»[10]. Diese Formulierung offenbart die Heuchelei, mit der die gesamte Intrige gesponnen wurde. Nachdem man heimlich mobil gemacht hat, auf unser Territorium vorgedrungen ist, Luxemburgs Neutralität verletzt und die Verletzung der belgischen Neutralität angekündigt hat, erklärt man uns nun, wir, die wir diese Ungeheuerlichkeiten gefasst mit angesehen haben, hätten Krieg gegen Deutschland begonnen. Seien wir uns dessen gewiss, dass die deutschen Zeitungen seit gestern Abend dem deutschen Volk in empörten Worten die «Provokationen» Frankreichs melden. Die Nachwelt wird ihr eigenes Urteil fällen. [...]

Der europäische Krieg

Mittwoch, den 5. August 1914

Gestern um elf Uhr abends hat die deutsche Regierung Sir Edward Goschen, dem Botschafter Grossbritanniens in Berlin, seine Pässe ausgehändigt. Dies ist die Antwort auf die Mahnung der Engländer an Deutschland, Belgiens Neutralität zu respektieren. Ab heute befinden sich Grossbritannien und Deutschland im Kriegszustand. Die deutschen Truppen versuchen, den Durchmarsch durch Belgien zu erzwingen, und haben es dabei besonders auf Lüttich abgesehen. Vom Baltikum bis Gibraltar, vom Arktischen Ozean bis zum Mittelmeer herrscht Krieg. [...]

Gestern ist der Reichstag zusammengetreten und hat sich nach der Bewilligung eines Fünf-Milliarden-Kredits auf November vertagt. Wenn der Reichstag wieder zusammentritt, wird es ein anderes Deutschland geben.

Aus dem Französischen von Maria Hoffmann-Dartevelle

1 Karl I., 1887–1922. Nach dem Tod von Franz Joseph I. im Jahr 1916 letzter Kaiser von Österreich. Abdankung 1918.
2 Treffen des deutschen Kaisers Wilhelm II. mit dem österreichisch-ungarischen Thronfolger Franz Ferdinand im Juni 1914 auf Schloss Konopiště in Böhmen.
3 Leopold Berchtold, 1863–1942, österreichischer Minister des Äusseren.
4 Nikola Pašić, 1845–1926, serbischer Premierminister. Wladimir Giesl von Gieslingen, 1860–1936, österreichischer Gesandter in Belgrad.
5 Grossbritannien, Frankreich, Deutschland, Italien und Russland.
6 Meerengen zwischen der Ägäis und dem Schwarzen Meer, die vom Osmanischen Reich kontrolliert wurden.
7 Wilhelm von Schoen, 1851–1933, deutscher Botschafter in Paris.
8 Im Zweiten Balkankrieg 1913.
9 Herbert Henry Asquith, 1852–1928, britischer Premierminister.
10 Im Text, den von Schoen Premierminister Viviani überbrachte, heisst es: «[...] l'Empire Allemand se considère en état de guerre avec la France du fait de cette dernière puissance.»

Hermann Bahr

«Uns ist das deutsche Wesen erschienen»
Kriegssegen. München 1915.

Hermann Bahr (1863–1934), geboren in Linz, war eine schillernde Persönlichkeit. Beinahe jede kulturelle und politische Strömung seiner Zeit hat er, oft an vorderster Front, mitgemacht. Er studierte unter anderem Klassische Philologie, Philosophie, Rechtswissenschaft und Nationalökonomie. Wegen seines Engagements in der Deutschnationalen Bewegung musste er mehrmals die Universität wechseln, näherte sich dann jedoch der Arbeiterbewegung an. 1887 beendete Bahr sein Studium in Berlin ohne Abschluss und lebte in der Folge ein Jahr in Paris, wo sich sein Interesse an Literatur, Kunst und dem Theater intensivierte. Zurück in Berlin knüpfte er Kontakte zu Gerhart Hauptmann und weiteren Vertretern des Naturalismus. Angezogen von der grossen Zahl talentierter junger Schriftsteller und Künstler liess er sich 1891 in Wien nieder und wurde eine zentrale Figur der Gruppe «Junges Wien».

Als Schriftsteller und Journalist versuchte Bahr, die Strömungen der europäischen Moderne in Österreich zu verbreiten. Von Zeitgenossen wurde er – etwas spöttisch – als «Mann von Übermorgen» bezeichnet. Sein exaltiertes Engagement in allen kulturellen Bereichen führte immer wieder zu Widerständen. Bahr empfand sein Wiener Umfeld zunehmend als oberflächlich und träge. Ab 1906 arbeitete er als Dramaturg für das Deutsche Theater in Berlin und zog schliesslich 1912 nach Salzburg. Österreich wurde zum Hauptthema in seinen Schriften. «Bureaukratie», «Künstlichkeit», «Verzagtheit», «Pensionistenstimmung» und «Eigennutz» charakterisierten aus seiner Sicht die österreichische Gesellschaft und Politik. Bahr plädierte für ein instinktiveres, ursprünglicheres Leben. Er wurde zum gläubigen Katholiken und sprach sich für eine starke Stellung Österreichs in den Kronlän-

dern und auf dem Balkan aus sowie für eine katholische Erneuerung und eine Stärkung der Monarchie.

Bei Kriegsausbruch zeigte sich Bahr voller Hoffnung auf eine Veränderung der Gesellschaft. Seine Gedanken äusserte er in den ersten Kriegsmonaten in mehreren Artikeln, die 1915 unter dem Titel «Kriegssegen» als Buch erschienen. Der Deutsche – die Österreicher sind im alldeutschen Sinn mitgemeint – finde im Krieg zu sich selbst, zu einem neuen Einheitsgefühl und zurück zu den deutschen Tugenden der «Gehorsamkeit», «Entsagung», «Ordnung» und «Organisation». Bahr ging so weit, seinen Lebenssinn mit dem Erleben des Kriegsausbruchs erfüllt zu sehen (S. 37): «So hat all mein Trachten, all mein Hoffen, all mein Irren noch einen Sinn bekommen; es stand doch dafür.» Als sein Kontrahent Karl Kraus die Artikel als kriegsverherrlichend angriff, entgegnete Bahr im Vorwort von «Kriegssegen» (S. 3), er sei nicht der Meinung «dass der Krieg ein Segen sei, sondern dass wir uns daraus einen Segen holen wollen!» In weiteren Publikationen während und nach dem Krieg skizzierte Bahr – mal in autoritärer, mal in freiheitlicher Ausgestaltung – einen Zusammenschluss europäischer Staaten unter deutsch-österreichischer Führung.

Das deutsche Wesen ist uns erschienen!

Und wenn ich hundert Jahre würde, diese Tage werd ich nie vergessen! Es ist das Grösste, was wir erlebt haben. Wir wussten nicht, dass so Grosses erlebt werden kann. Noch vor drei Wochen wären wir unfähig gewesen, es uns auch nur vorzustellen. Dieses Gefühl, etwas erlebt zu haben, was wir selber noch gar nicht aussprechen können, überwältigt alle. Jeder sieht's dem anderen an und fühlt's am Drucke seiner entschlossenen Hand. Reden ist unnütz geworden, jeder weiss stumm, was jeder fühlt. Nichts lebt in uns als das Eine, das Ungeheure: uns ist das deutsche Wesen erschienen.

Wir haben einander endlich erblickt. Wir wissen jetzt zum erstenmal, wie wir wirklich sind. Das ist das unbeschreibliche Geschenk dieser grossen Zeit. Davon schlagen in dieser schweren Stunde die Herzen alle so hoch. Niemals sind wir ernster gewesen, aber auch noch nie so froh. In einer gläubigen Freudigkeit stehen wir beisammen, die wir niemals kannten. Denn uns ist das deutsche Wesen erschienen.

Wo war es so lang geblieben? Über Nacht stand es auf. Und steht so stark da, dass nichts daneben mehr Platz hat auf der deutschen Erde. Jeder andere Gedanke, jedes andere Gefühl ist weg. Es müssen Gespenster gewesen sein, was wir sonst noch alles dachten und fühlten: es hat getagt, sie sind verscheucht. Wir haben uns wieder, nun sind wir nichts als deutsch; es genügt uns auch ganz, wir sehen jetzt, dass man damit völlig auskommt, fürs Leben und fürs Sterben. Hochmütig waren wir nie, jetzt aber sind wir tiefmütig geworden. Aus der Tiefe leben wir jetzt, das macht uns so froh.

Von Waffen starrt das Land, und jedes deutsche Herz von Zuversicht. Ein einziges Schwert des Glaubens ist das ganze Volk. Uns ist das deutsche Wesen erschienen!

Wo war es denn so lang? Warum erscheint das deutsche Volk immer erst vor dem Feinde? Wo steckt es sonst? Wenn wir immer so wären, wie wir jetzt auf einmal alle sind, die ganze Welt müsste sich vor uns beugen! Aber wir wussten ja selbst nicht mehr, wie wir wirklich sind; wir hatten uns längst vergessen. Jetzt, wo wir wieder wissen, wie wir wirklich sind und was wir an uns haben, erkennen wir selber erst, wie wir uns die ganze Zeit her um uns betrogen haben. Was waren wir nicht alles! Wir waren so viel, dass wir uns darüber selbst abhanden kamen; und jeder wollte nur ja für sich immer noch ganz was Besonderes sein. Wie hat uns solcher arge Wahn nur so betören und in Zwietracht so verblenden können! Es zeigt sich ja jetzt, dass wir es uns schliesslich leisten durften: denn wir sind dennoch unversehrt geblieben, wir haben keinen Schaden gelitten an unserer Seele. Die deutsche Seele schlief einstweilen, und jetzt, gut ausgeschlafen, ist sie erwacht, und wir können uns kaum mehr recht entsinnen, wie denn das damals gewesen sein muss, noch vor drei Wochen, als jeder gegen jeden immer nur seinen Unterschied, seine Besonderheit, seinen Eigensinn kehrte, als wir noch getrennt lebten, als wir nur Parteien waren, kein Volk.[1] Einer kannte da den anderen nicht, weil keiner sich selber kannte. In unheiligen Wünschen hatte jeder seinen wahren Willen vergessen. Jetzt hat jeder seinen Willen wiedergefunden, da zeigt sich's: alle haben nur einen. In allen deutschen Herzen schlägt jetzt derselbe heilige Zorn. Ein heiliger Zorn, ein heiligender Zorn, ein heilender Zorn. Alle deutschen Wunden schliessen sich. Wir sind genesen. Gelobt sei dieser Krieg, der uns am ersten Tag von allen deutschen Erbübeln erlöst hat! Und wenn dann erst wieder Friede sein wird, dann wollen wir es uns aber auch verdienen, diesen heiligen deutschen Krieg erlebt zu haben. Dann soll kein Wort mehr gesagt, keine Tat mehr getan werden auf deutscher Erde, die nicht würdig wäre dieser erhabenen Stunden.

An der Ecke stehen Gruppen vor den letzten Nachrichten. Dann zählt einer laut auf, wieviel Feinde wir haben; jetzt sind's schon ihrer sechs. Dann wird's eine Zeit still. Aber dann sagt einer: viel Feind, viel Ehr, und siegen werden wir, denn unsere Sache ist gerecht! So kann man es jetzt jeden Tag hören. Das ist der deutsche Glaube: nicht Menschenmacht entscheidet, sondern Gottes Gerechtigkeit! Es ist der Segen dieser grossen Zeit, dass wir wieder auf den Geist vertrauen lernen. Wir heutigen Deutschen sind niemals einer so rein geistigen Existenz teilhaft gewesen als jetzt, da uns das deutsche Wesen erschienen ist.

Bayreuth, 12. August.

Kriegssegen!

Einen Kriegssegen will ich sprechen, den Segen aussprechen, der auf allen Lippen liegt, denn wir alle, so weit es Deutsche gibt in der weiten Welt, alle segnen, segnen, segnen diesen Krieg! [...]

Erst vor ein paar Tagen sagte mir ein höherer Beamter: «Gestehen wir es uns doch ein, es hat ja bis zum letzten Augenblick in ganz Europa kein Mensch an diesen Krieg geglaubt, man hat ihn vorbereitet, aber nicht für möglich gehalten, selbst die nicht, die ihn wollten!» Allen klugen Männern galt es ja seit Jahren für ausgemacht, die wirtschaftliche Verflechtung aller Völker sei zu stark, als dass irgendeines den Selbstmord begehen könnte, Krieg anzufangen. So sprach es einer dem anderen nach, allen schien das bewiesen. Und es schien allen bewiesen, dass ein solcher Krieg, von Wahnsinnigen erregt, nach zwei Wochen zu Ende wäre. Er würde, hörte man gern sagen, gewissermassen bloss eine Probe auf den Aufmarsch sein und wem dieser besser glückte, der hätte damit auch schon gesiegt, denn kein Land der Erde wäre so stark, die Kosten dieses Krieges länger als drei Wochen auszuhalten. Und man nahm den Bleistift, um uns das vorzurechnen, und – jetzt sind's drei Monate und wir haben die Kosten ausgehalten und wir werden die Kosten aushalten, noch drei Monate, sechs Monate, ein Jahr, so viele Jahre als es sein muss, der Atem geht uns nicht aus. Die Rechnung war falsch, alle Berechnungen waren falsch: die Wirklichkeit dieses Krieges übersteigt alle unsere Vorstellungen vom Kriege und herrlich ist es, dies einmal im Grossen zu erleben, dass die Wirklichkeit immer alle unsere Vorstellungen übersteigt! Denn auch das stimmt ja nicht, dass, wie wir es auf allen Schulen lernten, in allen Büchern lasen, jeder Krieg ein grauenhaftes Unheil sei. Auch dieser Krieg ist grauenhaft, ja, aber uns zum Heil. So empfinden wir ihn! Und so empfanden wir ihn gleich vom ersten Tag an!

Dieser erste Tag wird uns allen unvergesslich bleiben. Wir haben nie Grösseres erlebt, seit wir am Leben sind. Wir wussten nicht, dass man so Grosses erleben kann. Wort für Wort traf ein, was Bismarck vorausgesagt, 1888. «Es muss ein Krieg sein, mit dem die ganze Nation einverstanden ist, es muss ein Volkskrieg sein, es muss ein Krieg sein, der mit dem Enthusiasmus geführt wird wie der von 1870, wo wir ruchlos angegriffen wurden. Dann wird das ganze Deutschland von der Memel bis zum Bodensee wie eine Pulvermine aufbrennen und von Gewehren starren.» Dieser Krieg, den Bismarck vorausgesagt, war es und was Bismarck vorausgesagt, geschah und wir sahen es mit Augen, wir sahen mit unseren seitdem geweihten Augen die deutsche Mobilmachung.

Jeder Enthusiasmus ist schön, auch schon an einem Einzelnen, wer er auch sei und aus welchem Anlass es auch sei: im Enthusiasmus tritt alles Gute, dessen ein Mensch fähig ist, plötzlich hervor, alles Gemeine zurück. Gar aber Enthusiasmus von Gruppen, von Verbänden, die den Einzelnen ohnedies schon seinem engen Ich entreissen, und nun gar eines ganzen gewaltigen Volkes ist überwältigend. Dies aber war noch ein Enthusiasmus von ganz besonderer Art, nämlich ein wohl disziplinierter, ein Enthusiasmus der höchsten Ordnung. Hier offenbarte sich das tiefste Geheimnis deutscher Kraft: in Begeisterung besonnen, im Feuer kalt und noch im Aufruhr der Leidenschaft pflichtgehorsam zu bleiben. Da hatten wir alle das Gefühl: Nein, das macht uns niemand nach! Denn um das zu können, hatten wir erst etwas vormachen müssen: eine ungeheure geistige Arbeit, nicht etwa bloss die seit hundertfünfzig Jahren, nein, fast um ein Jahrtausend zurück. Was ist denn der Geist unserer deutschen Mystik, der Geist der Meister Eckhart und Tauler[2] als: Trunkenheit der Seele bei wachem Verstande? Enthusiasmus einzufügen in Zucht und Ordnung, in das erkannte Gesetz, darauf beruhen alle deutschen Taten. Von unserer Gotik über das deutsche Barock zu Friedrich dem Grossen und Kant und unserer klassischen Dichtung, was ist denn alles das als Architektur irgendeines ungeheuren Gefühls? Die Seele schwärmt – und dann baut der Geist damit: das Schwärmen der Seele liefert das Material für den Bau des Geistes! Und was ist denn die deutsche Musik von Bach über Beethoven bis Wagner, ja Richard Strauss als: Enthusiasmus mit Disziplin? Deutsche Musik ist unsere Mobilmachung gewesen: es ging in ihr genau wie in einer Partitur Richard Wagners zu: völlige Verzückung bei völliger Präzision! Und so, wenn wir das Wunder dieser Mobilmachung sahen – das ganze waffenfähige Deutschland in Eisenbahnzügen verpackt, durch das Land rollend, Tag für Tag und Nacht um Nacht, niemals um eine Minute zu spät und nirgends eine Frage, auf die nicht schon die Antwort bereitgestanden hätte, und nirgends eine Sorge, an die nicht schon gedacht gewesen wäre, «es ist keine Rückfrage gestellt worden», hat der Generalquartiermeister in seinem spartanischen, in seinem preussischen Deutsch bekanntgegeben – und so, wenn wir das Wunder der deutschen Mobilmachung sahen, erstaunten wir gar nicht, weil es ja gar kein Wunder war, sondern nichts als ein natürliches Ergebnis, erarbeitet seit tausend Jahren, der Reinertrag der ganzen deutschen Geschichte. In der deutschen Mobilmachung rückten nicht bloss unsere braven Soldaten und Landwehrmänner und Landstürmler ein, es rückte die ganze deutsche Vergangenheit ein und die ganze deutsche Vergangenheit zog mit ins Feld – das gab uns diese tiefe Zuversicht, gleich vom ersten Tage an; lieb Vaterland konnte wirklich ruhig sein.[3]

Aber inzwischen hatte sich noch etwas ereignet: es gab auf einmal nur noch Deutsche. Wir hielten alle den Atem an, als der Kaiser dies aussprach. Auch dies kam ja wie aus der Tiefe der deutschen Sehnsucht herauf, es klang wie Adlerschrei der urältesten deutschen Sehnsucht. Denn immer ist es ja die Sehnsucht der deutschen Seele gewesen, sich ihrer Enge zu entringen, zu «verwerden» (Eckhart), sich zu «entselbsten» (Goethe), allen Eigensinn abzutun, sich darzubringen und hinzugeben, aufzugehen in Anderen, im Ganzen, und nur noch zu «dienen, dienen» (Wagner) – und niemals ist dieser ewigen deutschen Sehnsucht noch Erfüllung geworden, immer ist der Eigensinn, die Selbstsucht doch wieder stärker gewesen, immer führt jeder Deutsche noch Krieg gegen alle Deutschen, niemals ist unter Deutschen Frieden. «Sich voneinander abzusondern», sagt Goethe, «ist die Eigenschaft der Deutschen. Ich habe die Deutschen niemals verbunden gesehen als im Hass gegen Napoleon. Ich will nur sehen, was sie anfangen werden, wenn dieser nun über den Rhein gebannt ist.» Und Goethe behielt recht: kaum war der über den Rhein gebannt, gleich fingen sie wieder an, jeder auf eigene Faust zu sein. Und immer wieder, jedesmal wieder. So vernahmen wir das Kaiserwort im ersten Augenblick fast mit einem freudigen Schreck, fast mit einer bange fragenden Bitte, die noch kaum recht zu hoffen wagte: Wenn es sein könnte, dass es jetzt endlich wirklich nur noch Deutsche gäbe?! Aber schon am nächsten Tage sahen wir es überall mit unseren Augen, hörten es überall mit unseren Ohren: an jenem Tage gab es nur noch Deutsche. Und darüber war mit einem Schlage jede Not vergessen, alles war vergessen, sogar wie furchtbar der Krieg ist, jeder Krieg, auch ein gerechter, auch ein heiliger Krieg, auch für den Sieger selbst, denn dies alles wollen wir freudig ertragen, dies alles ist ja nichts, kein Opfer ist uns zu hoch für diesen Preis, dass es nur noch Deutsche gibt. Und so vermessen das klingen mag, wir fühlten uns fast versucht, zu denken: Wenn es so wäre, dass es bloss im Krieg nur noch Deutsche gibt, im Frieden aber auch dieses Mal wieder den alten Fluch der ewigen deutschen Zwietracht, dann soll wahrhaftigen Gottes lieber ewig Krieg bleiben und nimmer Frieden werden! [...]

Wird der Deutsche wieder sobald das Vaterland gesichert ist, auf-

— Souviens-toi, Mélanie, que nous vivons en ce moment des heures héroïques.
Dessin d'Edmond CERIA.

«Vergiss nicht, Melanie, dass wir gerade heldenhafte Zeiten durchleben.» Le Rire, 1915.

hören, ein Deutscher zu sein, um sich dafür gleich wieder in irgendeinen Kraten oder Isten oder Aner zu verwandeln? Auch jetzt wieder? Er wird sicher grosse Lust dazu haben. Es wird ihm aber vielleicht dieses Mal etwas schwerer werden. Er kehrt aus diesem Kriege kaum mehr in dasselbe Vaterland zurück. Es wird sich ausgedehnt haben, des Deutschen Vaterland wird grösser geworden sein. Der alte Arndt wird umgedichtet werden müssen. Nicht mehr bloss: soweit die deutsche Zunge klingt![4] Nein, noch weiter. Weiter wird des Deutschen Vaterland geworden sein, als die deutsche Zunge klingt. Da wird er zu tun haben. In jener Klage über des Deutschen Liebe zum Bürgerkrieg sprach Bismarck vom «unbeschäftigten» deutschen Landsmann. Es wird aber wahrscheinlich nach diesem Kriege auf Jahre hinaus keinen unbeschäftigten deutschen Landsmann mehr geben. Sie werden alle vollauf beschäftigt sein: mit der neuen Einrichtung. Wir müssen ja dann, was das Schwert ergriffen hat, uns erst aneignen. «Die Hechte im europäischen Karpfenteich», hat Bismarck einmal gesagt, «hindern uns, Karpfen zu werden; sie zwingen uns zu einer Anstrengung, die wir freiwillig vielleicht nicht leisten würden, sie zwingen uns auch zu einem Zusammenhalten unter uns

Deutschen, das unserer innersten Natur widerstrebt.» Da wir unsere innerste Natur nun einmal nicht ändern können, wird es ihr guttun, wenn wir eine Anzahl, eine beträchtliche Anzahl von diesen europäischen Hechten jetzt ganz zu uns hereinbekommen werden. Das wird den deutschen Landsmann beschäftigen und seinen Überschuss an Kraft ableiten; keine müssige Kraft wird sich mehr in Parteisucht entladen. Und dann müssen wir ja doch auch Europa wieder aufbauen. Es stand auf faulem Grunde; nun ist es hin. Wir werden es wieder aufrichten, auf deutschem Grund. Da haben wir Arbeit genug.

Dieser Krieg hat uns einander erkennen gelehrt. Wir missverstanden uns, solange wir uns nach Worten beurteilten. Sobald es aber zu handeln galt, verstanden wir uns gleich. Im Handeln wird der Mensch durch ein geheimes inneres Gesetz bestimmt; und es zeigte sich, dass allen Deutschen dasselbe Gesetz in der Brust schlägt. […] Jetzt gilt nur der Wille zur Tat. Und brächten wir aus diesem Kriege nichts heim als dies, aber dies für alle Zeit, den unabänderlichen Beschluss, künftig keinen mehr zu fragen, was er meint und wie er denkt, sondern jeden anzunehmen, der mittun will am deutschen Wesen, das wäre der höchste Preis und in Erfüllung ginge dann Goethes Wort, dass kein mitlebendes Volk dem unseren gleich genannt werden könnte.

München, 27. Oktober.

1 Anspielung auf die Reden des deutschen Kaisers Wilhelm II. am 1. und am 4. August 1914 («Ich kenne keine Parteien mehr, ich kenne nur noch Deutsche!»).
2 Eckhart von Hochheim, um 1260–1328, und Johannes Tauler, um 1300–1361.
3 Verweis auf das Lied «Die Wacht am Rhein», Text von Max Schneckenburger (1840), Musik von Karl Wilhelm (1854).
4 Verweis auf das Lied «Des Deutschen Vaterland», verfasst 1813 vom deutschen Schriftsteller Ernst Moritz Arndt.

Werner Sombart

«In dem sicheren Gefühl, das Gottesvolk zu sein»
Händler und Helden. Patriotische Besinnungen.
München und Leipzig 1915.

«Sie verdienten, aus Ihrer Behaglichkeit und dem üppigen Leben herausgerissen und in die Hölle von Verdun oder die vielen anderen gesteckt zu werden»[1] – so schrieb ein Soldat nach der Lektüre von «Händler und Helden» an Werner Sombart, den damals bekanntesten deutschsprachigen Sozialwissenschaftler, der in seinem Werk den Tod fürs Vaterland als höchste Weihe des Lebens und den Krieg als Erneuerer des deutschen Geistes pries. Mit dieser Meinung war Sombart innerhalb der gelehrten Kriegspublizistik nicht alleine. Auch die harsche Kritik an England, dem grossen imperialistischen Rivalen, die «Händler und Helden» vorbrachte, war während der Kriegszeit in Deutschland weit verbreitet, wie etwa der Erfolg von Ernst Lissauers Gedicht «Hassgesang gegen England» belegt. «‹Gott strafe England› – ‹Er strafe es›» wurde zur Grussformel. Trotzdem gilt Sombarts Pamphlet als Gipfelpunkt chauvinistischer Kriegspropaganda.

Sombart (1863–1941) studierte in Pisa, Berlin und Rom Rechts-, Wirtschafts- und Staatswissenschaften, Geschichte und Philosophie. 1890 wurde der erst 27-Jährige Professor für Staatswissenschaften, zunächst in Breslau, später in Berlin. Seine frühen Schriften begründeten Sombarts Ruf als wohlwollender Bearbeiter der marxistischen Theorie. Doch seine Weltanschauung wandelte sich grundsätzlich. Hatte der Nationalökonom in den 1890er-Jahren den wirtschaftlichen Fortschritt begrüsst und sich für die politische Integration der Arbeiterbewegung eingesetzt, so wurde er in den darauffolgenden Jahrzehnten zum konservativen Kulturkritiker. Die Begleiterscheinungen des Kapitalismus – das Wachstum der Städte, die zunehmende internationale Verflechtung, die Technisierung des Lebens und das materialistische

Erwerbsstreben – brächten eine «Unkultur» hervor. Auch antisemitische und antidemokratische Äusserungen finden sich in Sombarts Werken.

«Händler und Helden» nahm viele dieser kulturkritischen Elemente auf. England und sein «Händlertum» galten Sombart als verabscheuungswürdige Verkörperung des Kapitalismus. Die Schärfe, mit der Sombart die englische Kultur verunglimpfte und die nietzscheanische Stilisierung der Deutschen als auserwähltes Heldenvolk, das sich in Zukunft gegen eine Welt der Feinde abzuschotten hätte, stiessen in weiten Kreisen auf Ablehnung. Der Nationalökonom Edgar Jaffé mahnte Sombart daran zu denken, dass man «in absehbarer Zeit, wenigstens mit den demokratischen Nationen Westeuropas [...], wieder zu einem vernünftigen Verhältnis gelangen» müsse.[2] Der bekannte Soziologe Max Weber schrieb seinem Kollegen, sein «nationalistischer Furor» sei «verblüffend».[3]

Sombart liess die Kritik an seinem Buch nicht gelten und äusserte auch nach dem Krieg in zahlreichen Werken seine politischen Vorstellungen von der Schaffung eines autoritären Militärregimes und kritisierte die Weimarer Republik. Damit gilt Sombart in der historischen Forschung als «Wegbereiter des Nationalsozialismus»[4], von dem er sich aber in den Jahren vor seinem Tod distanzierte.

Es ist ersichtlich, dass in dem gegenwärtigen Weltkriege eine Menge der verschiedensten Einzelkonflikte zum Austrag gebracht werden. Es sind Nebenkriege, die etwa Russland mit der Türkei um den Besitz der Dardanellen, oder Frankreich mit Deutschland um Elsass-Lothringen, oder Österreich-Ungarn mit Russland um die Vorherrschaft auf dem Balkan führen. Der Hauptkrieg ist ein anderer. Das haben am deutlichsten unsere Gegner erkannt, als sie der Welt verkündeten: was im Kampfe miteinander liege, seien: die «westeuropäische Zivilisation», «die Ideen von 1789» und der deutsche «Militarismus», das deutsche «Barbarentum». In der Tat ist hier instinktiv der tiefste Gegensatz richtig ausgesprochen. Ich möchte ihn nur ein wenig anders fassen, wenn ich sage: was im Kampfe steht, sind der *Händler* und der *Held*, sind händlerische und heldische Weltanschauung und dementsprechende Kultur. [...]

Was ist denn, wenn wir von der Missgeburt des Staates und einer Hypertrophie des wirtschaftlichen Apparates absehen, in diesem Warenhause England an «Kulturwerten» seit *Shakespeare* hervorgebracht worden?

Es sei ferne von mir, von dem zu sprechen, was man in England «Religion» nennt; es entspricht ja im wesentlichen dem, was man dort «Philosophie» zu benamsen die Unverfrorenheit hat. Jedenfalls ist auf diesem Gebiete, wenn wir nicht etwa die Heilsarmee anführen wollen, von den Engländern keine irgendwelche schöpferische Tat vollbracht worden. Dass schon die Ideen der Reformation eingeführte Fremdgüter waren, *made in Germany,* haben sie uns heute noch nicht vergessen. Aber was sie wiederum meisterlich verstanden haben, war die Anpassung ihres *soi-disant* metaphysischen Bedürfnisses an ihre Händlerinteressen. Der liebe Gott ist in den allgemeinen Geschäftsbetrieb ganz vortrefflich geschickt eingeordnet. Die Engländer sind sogar «tolerant» in religiösen Fragen geworden: das verträgt sich weit besser mit dem Profitmachen und dem Behaglichleben als eine halsstarrige Orthodoxie. Wir wollen uns gelegentlich daran erinnern, dass schon Cromwell die Juden nach England wieder hereinliess, weil er sie für seine Finanzen und den englischen Handel glaubte brauchen zu können. Wollen auch nicht vergessen, dass in der berühmten Indulgenzerklärung Jakobs II. aus dem Jahre 1687, die als *Magna charta* der religiösen Toleranz bewundert wird, es wörtlich heisst: «*persecution was unfavourable to population and to trade*»: religiöse Verfolgungen vertragen sich nicht mit den Interessen der Industrie und des Handels. Also auch in der kirchlichen Politik dieses Volkes müssen wir den Primat der kommerziellen Interessen feststellen.

Dichtung? Ausser ein paar Iren: der aus dem Lande gehetzte Lord *Byron,* der sein Volk in Grund und Boden verflucht hat; der gleichfalls verbannte *Shelley,* der sich in «*Laon und Cythna*» feierlich von seinem Heimatlande lossagte.

Bildende Kunst? Die Süssigkeiten der Gainsbourough und Reynolds und die Hysterien der Präraffaeliten.

Musik? ....

Kein geistiger Kulturwert *kann* aus Händlertum erwachsen. Nicht jetzt und nicht in alle Ewigkeit. Aber sie *wollen* auch keine geistige Kultur. Alle geistigen Werte bedrücken sie. [...]

Und was setzen wir jenem Krämerideal entgegen? Gibt es ein Bejahendes, das sich übereinstimmend in aller deutsch gerichteten Weltanschauung wiederfindet? Ich glaube, ja. Und wenn ich es in einem Satze ausdrücken soll, was es ist, so möchte ich den alten Schifferspruch nennen, der über dem Hause Seefahrt in Bremen eingemeisselt ist und der lautet:

«*Navigare necesse, vivere non est*»[5]

«Leben brauchen wir nicht; aber wenn wir leben, so haben wir unsere verdammte Pflicht und Schuldigkeit zu tun»; oder: «sein Werk hat der Mensch zu verrichten, solange er lebt»; oder: «das Einzelleben: Wichtigkeit, am grossen Ganzen schaffen, ist unsere Bestimmung»; oder: «am Wohlergehen des Menschen ist nichts gelegen, wenn er nur der Sache dient» oder wie sonst man diesen Spruch übersetzen will: es läuft immer auf dasselbe hinaus. [...]

In der deutschen Sprache, und nur in ihr, der einzigen «Ursprache», wie *Fichte* wollte, enthält *ein* Wort, deucht mich, den ganzen Sinn alles unseres Denkens und Dichtens und Strebens: das Wort «*Aufgabe*». Wir haben eine Aufgabe zu erfüllen, indem wir leben, eine Aufgabe, die sich in tausend Aufgaben des Tages auflöst. Aufgabe ist das Leben, sofern es uns aufgegeben ist von einer höheren Macht. Indem wir aber den Inhalt unseres Lebens ausschöpfen, geben wir uns in allen unseren Werken auf; und diese Aufgabe unseres eigenen Ichs gibt uns die einzige tiefe Befriedigung, die das irdische Leben bieten kann, gibt uns unsern Seelenfrieden, weil wir durch sie jene Vereinigung mit dem Göttlichen vollbringen, von dem getrennt und losgerissen zu sein, auf Erden unser tiefstes Weh und Leiden ausmacht.

Es ist aber die lichteste Eigenart unseres deutschen Denkens, dass wir die Vereinigung mit der Gottheit schon auf Erden vollziehen, und sie vollziehen nicht durch Abtötung unseres Fleisches und unseres Willens, sondern durch kraftvolles Handeln und Schaffen. Dass die Aufgabe unserer selbst durch unausgesetztes Stellen und Vollbringen neuer Aufgaben im tätigen Leben erfolgt: das gibt unsrer Weltauffassung die sieghafte Kraft, gibt ihr die Unüberwindlichkeit auf dieser Erde. Deshalb aber nenne ich sie auch eine heroische, heldische, und nun sieht der Leser, bis zu welchem Punkte ich ihn geführt habe: *deutsch sein, heisst ein Held sein*, und dem englischen Händlertum im Geiste und im Leben setzen wir ein deutsches Heldentum entgegen. [...]

Was in aller wahrhaft heldischen Weltanschauung, wie wir sahen, eingeschlossen ist, das löst der Militarismus gleichsam aus: er weckt das heldische Empfinden in der Brust des letzten Tagelöhners im Dorfe, er popularisiert die Gedanken, die in den Köpfen unserer Grössten zuerst aufgesprungen sind. Die Idee des Vaterlandes wird erst zu einer Leben weckenden Kraft durch die Mittlerrolle des Militarismus. Was Heldentum im tiefsten Sinne bedeutet, wird dem Ärmsten im Geiste lebendig vor die Augen gestellt, wenn er in Reih und Glied mit seinen Kameraden in den Kampf zieht, um das Vaterland zu verteidigen.

Der Geist des Militarismus wandelt sich hier in den Geist des Krieges. Erst im Kriege entfaltet sich das Wesen des Militarismus, der ja ein kriegerisches Heldentum ist, ganz. Und erst im Kriege erscheint seine echte Grösse. [...]

Weil aber im Kriege erst alle Tugenden, die der Militarismus hochbewertet, zur vollen Entfaltung kommen, weil erst im Kriege sich wahres Heldentum betätigt, für dessen Verwirklichung auf Erden der Militarismus Sorge trägt: darum erscheint uns, die wir vom Militarismus erfüllt sind, der Krieg selbst als ein Heiliges, als das Heiligste auf Erden. Und diese Hochbewertung des Krieges selber macht dann wiederum einen wesentlichen Bestandteil des militaristischen Geistes aus. Nichts wird uns so sehr von allen Händlern verdacht, als dass wir den Krieg für heilig halten.

Sie sagen: der Krieg sei unmenschlich, er sei sinnlos. Das Hinschlachten der Besten eines Volkes sei viehisch. So muss es dem Händler erscheinen, der nichts Höheres auf Erden kennt als das einzelne, natürliche Menschenleben. Wir aber wissen, dass es ein höheres Leben gibt: das Leben des Volkes, das Leben des Staates. Und wir wissen darum mit tiefstem Weh im Herzen, dass das Einzelleben bestimmt ist, sich für das höhere Leben zu opfern, wenn dieses bedroht ist. Mit diesem Glauben, freilich *nur* mit ihm, gewinnt das schmerzensvolle Sterben der Tausende Sinn und Bedeutung. Im Heldentod findet die heldische Lebensauffassung ihre höchste Weihe. [...]

Ein starker Sieg verschafft uns aber auch erst die Möglichkeit, uns um die, die um uns herum sind, nicht weiter kümmern zu müssen. Wenn der Deutsche dasteht, gestützt auf sein riesiges Schwert, stahlgepanzert von der Sohle bis zum Haupte, dann mag da unten um seine Füsse herumtanzen, was will, da mögen sie ihn beschimpfen und mit Schmutz bewerfen, wie sie es jetzt schon tun: die «Intellektuellen», die Künstler und Gelehrten Englands, Frankreichs, Russlands, Italiens: er wird sich in seiner erhabenen Ruhe nicht stören lassen und wird im Sinne seiner Vorfahren in Europa nur bei sich denken:

«*Oderint, dum metuant.*»[6]

Was aber wird dann, so fragen ängstliche Gemüter, denen das Deutschtum noch etwas fremd ist, aus dem gelobten «*Internationalismus*», an dem wir seit Jahrzehnten so eifrig gebaut haben, und der uns doch im Grunde den einzigen Wert bedeutet? Ich will nicht so grob sein, auf diese Frage ohne Umschweife zu antworten: «Hol ihn der Teufel» («und nehme er bei dieser Gelegenheit euch gleich mit!»), sondern will mich einen Augenblick besinnen, was denn eigentlich unter diesem «Internationalismus» zu verstehen sei und welche Bewandtnis es mit ihm habe.

Offenbar umfasst die Bezeichnung «Internationalismus» sehr verschiedene Dinge, will sagen: dass die Beziehungen der Völker untereinander recht mannigfacher Natur sind. Da haben wir zunächst die materiell-wirtschaftlichen Beziehungen, die ökonomische «Arbeitsteilung» der Völker untereinander. Dass diese ein grosses Problem für sich ist, steht ausser Frage. Aber es gehört nicht in den Gedankenkreis dieser Schrift, und deshalb brauche ich mich an dieser Stelle nicht mit ihm zu befassen. Ganz im allgemeinen will ich nur zu diesem Thema bemerken, dass wir solcherart Internationalismus immer in dem Masse haben können, als wir seiner bedürfen: denn hier entscheidet das rein geschäftliche Interesse, das ja bei unserm ärgsten Feinde das einzige ist. Im übrigen wird uns der Krieg mehr und eindringlicher zum Bewusstsein bringen, dass alle internationalen Wirtschaftsbeziehungen ein notwendiges Übel sind, das wir so klein wie möglich machen sollen. Es wird zweifellos die dringlichste Aufgabe der Volkswirtschaftspolitik nach dem Kriege sein: Mittel und Wege zu finden, auf denen wir zu einer möglichst grossen wirtschaftlichen Autonomie Deutschlands gelangen. [...]

Dann gibt es einen politischen Internationalismus wiederum in verschiedenem Sinne. Er kann die diplomatischen Beziehungen der selbständigen Staaten untereinander, also «Bündnisse» aller Art, bedeuten, von denen hier natürlich gar nicht die Rede ist; er kann aber auch die Bestrebungen bedeuten, die Grenzen der selbständigen Staaten zu verwischen und eine politische Vereinigung der Angehörigen der verschiedenen Völkerschaften herbeizuführen. Wenn es wohl auch zurzeit keinen *Anacharsis Cloots*[7], keinen *«orateur du genre humain»* unter den frei herumlaufenden Menschen gibt, so spukt doch die Idee der «Völkerverbrüderung», wie man weiss, noch heute in zahlreichen Köpfen und feiert auf allen internationalen Sozialistenkongressen ihre Feste. Dass die internationale Tendenz des Proletariats vom Standpunkt der hier vertretenen Anschauungen nur ein schweres Übel ist, brauche ich nicht erst ausdrücklich auszusprechen. Wieweit unsere Arbeiterschaft, die aus den Schützengräben heimkehrt, von dieser Krankheit geheilt sein wird, muss abgewartet werden. Und ob sie – was zu wünschen wäre – stark genug sein wird, sich von jener Clique internationaler Redakteure frei zu machen, die ihnen bis jetzt das schwere Joch des Internationalismus aufgelegt hat. Zu hoffen ist, dass unsere deutsche Sozialdemokratie, die, trotz allem Andersreden, doch immer die patriotischest [sic] gesinnte gewesen ist, – zum Ärger der radikalen Internationalisten auf den verschiedenen Kongressen: ich erinnere an die Militärdebatte in Stuttgart![8] – nun erst recht die nationale Note der Arbeiterbewegung wieder betonen wird. Erfreuliche Anzeichen dafür, dass sie es tun wolle, liegen in mancher schriftlichen und mündlichen Äusserung deutscher Sozialdemokraten schon jetzt vor.

«Wie die Welt den Helm tragen wird.» Le Rire, 1915.

Bleibt der kulturelle oder geistige Internationalismus, mit welcher Bezeichnung man alle Beziehungen der Völker untereinander aus wissenschaftlichem, künstlerischem, geselligem Gebiete zusammenfassen kann.

Gott sei Dank wird für die nächste Zeit das Mass der internationalen Beziehungen dieser Art von den feindlichen Nationen bestimmt, so dass wir uns selbst darum nicht zu sorgen brauchen. Immerhin ist es gut, dass wir uns schon jetzt völlig klar werden, was bei einem Verlust oder einer Einschränkung oder auch einer (späteren!) Ausdehnung dieser Beziehungen für uns in Frage steht.

Im Grunde brauchen wir Deutsche in geistig-kultureller Hinsicht niemand. Kein Volk der Erde kann uns auf dem Gebiete der Wissenschaft, der Technologie, der Kunst oder der Literatur irgend etwas Nennenswertes geben, das zu entbehren für uns schmerzlich wäre. Besinnen wir uns doch auf den unerschöpflichen Reichtum des deutschen Wesens, das alles in sich schliesst, was menschliche Kultur an wirklichen Werten zu erzeugen vermag. Man braucht kein Deutscher zu sein, um das einzusehen.

Nun gehört es aber zur deutschen Art (manche nennen es eine deutsche Unart), dass wir immer für fremdes Wesen Sinn und Liebe gehabt haben. Es hiesse undeutsch sein, nur deutsch sein zu wollen, hat man gesagt. Das hängt wiederum mit unserem geistigen Reichtum zusammen. Wir verstehen alle fremden Völker, keines versteht uns, und keines kann uns verstehen. Darum entdecken wir Werte in fremden Kulturen, die wir uns zunutze machen möchten. Und wenn wir bei dieser Ergänzung unseres Wesens das richtige Mass und bestimmte Richtlinien einhalten, so haftet ihr kein Bedenken an. Hüten müssen wir uns freilich, das ruft ja jedes meiner Worte warnend aus, hüten müssen wir uns wie vor der Pest vor jeder Erscheinungsform des händlerischen Geistes, auf welchem Gebiete er sich auch äussere. Wir müssen als tief unter uns stehend alles erkennen, was nach «westeuropäischen Ideen» ausschaut, was mit Kommerzialismus auch nur entfernt verwandt ist. Gar nichts «lernen» von irgendeinem Volke der Erde können wir deshalb in allen Fragen der inneren Politik, der Verfassung und Verwaltung. Wir danken Herrn Präsident Eliot[9] und all den anderen, die sich angelegen sein lassen, uns eine «bessere» Verfassung zu verschaffen, herzlich für ihren guten Willen, erklären aber mit höflicher Bestimmtheit, dass wir selber am besten wissen, was für *uns* in politischer Hinsicht taugt, und dass wir alles, was westlich von der deutschen Grenze an Verfassungen sich im Augenblick zu Tode rennt, als höchst minderwertig erachten.

Dass auch die englische Verfassung und Verwaltung, an deren Altären unser Altliberalismus geopfert hat, mindestens heute für uns kein Vorbild mehr sein kann, haben wohl alle Sachkundigen jetzt eingesehen.

Anders steht es auf wissenschaftlichem und künstlerischem Gebiet. Hier können uns die fremden Kulturen manche Anregung bieten. Ob die deutsche Wissenschaft irgendwelche Förderung vom Auslande erfahren kann? Die Bücher, die wir mit Vorteil lesen, bekommen wir nach Wunsch. Die internationalen Wissenschaftskongresse werden hoffentlich für absehbare Zeit verschwinden; auch wenn alle internationalen Zeitschriften eingingen, wenn der Gelehrtenaustausch ein paar Jahrzehnte mal in Wegfall käme: es wäre für uns kein Schade. Beim «Austausch» sind wir fast immer die Gebenden. Bleibt die «Anregung» durch fremdländische Kunst und Literatur. Versteht man darunter, dass wir uns der Erzeugnisse fremder Länder mitfreuen wollen, so ist nichts dagegen zu sagen. Daran werden wir aber kaum je gehindert werden können. Versteht man darunter, dass fremde Künstler, fremde Dichter in Deutschland mit Vorliebe gepflegt und gefördert werden, so ist das eine Unsitte, die gern verschwinden könnte. Versteht man darunter endlich, dass unsere Schaffenden sich von den Fremden beeinflussen lassen, so liegt in einem derartigen Verhältnis eine schwere Gefahr für die deutsche Kunst, die wahrhaftig solcher Ermunterungen von auswärts nicht nötig hat. [...]

Wir müssen auch die letzten Reste des alten Ideals einer fortschreitenden «Menschheits»entwicklung aus unserer Seele austilgen. Nicht von Volk zu Volk gibt es einen «Fortschritt» zu Höherem: wir sind nicht weiter «fortgeschritten» als die Griechen, wenn wir den Begriff Fortschritt nicht rein als Ingenieurbegriff fassen. Vielmehr wirkt sich die Gottheit in den verschiedenen Volksindividualitäten aus, die in sich «fortschreiten», das heisst ihr eigenes Wesen vervollkommnen, sich ihrer Idee annähern können, so wie der einzelne Mensch bei seinen Lebzeiten fortschreiten kann, indem er sein natürliches Dasein dem idealischen Menschen in seinem Innern anzunähern vermag. In jedem Volke wirkt eine bestimmte Lebenskraft, die nach Entfaltung strebt und die Eigenart *dieses* Volkes in seiner Geschichte verwirklicht. Die einzelnen Völker wachsen, blühen und welken wie die Blumen im Garten Gottes: das allein vermögen wir als den Sinn der Menschheitsentwicklung zu erkennen. Und die Idee der Menschheit, also die Humanitätsidee, in ihrem tiefsten Sinne kann nicht anders verstanden werden als dahin: dass sie in einzelnen Edelvölkern zu ihrer höchsten und reichsten Auswirkung gelangt.

Das sind dann jeweils die Vertreter des Gottesgedankens auf Erden: das sind die auserwählten Völker. Das waren die Griechen, das waren die Juden. Und das auserwählte Volk dieser Jahrhunderte ist das deutsche Volk.

Weshalb es das ist, soll diese kleine Schrift erweisen: weil es sich zur heldischen Weltanschauung bekennt, die allein in dieser Zeit den Gottesgedanken auf Erden in sich schliesst.

Nun begreifen wir aber auch, warum uns die andern Völker mit ihrem Hass verfolgen: sie verstehen uns nicht, aber sie empfinden unsere ungeheure geistige Überlegenheit. So wurden die Juden im Altertum gehasst, weil sie die Statthalter Gottes auf Erden waren, solange nur sie die abstrakte Gottesidee in ihren Geist aufgenommen hatten. Und sie gingen hocherhobenen Hauptes, mit einem verächtlichen Lächeln auf den Lippen, durch das Völkergewimmel ihrer Zeit, auf das sie von ihrer stolzen Höhe geringschätzig herabsahen. Sie wussten, warum. Sie schlossen sich auch ab gegen alles fremde Wesen, aus Besorgnis, das Heilige, das sie mit sich trugen, könne durch die Berührung mit Ungläubigen besudelt werden. Also lebten die Griechen in ihren besten Tagen unter den Barbaren.

So sollen auch wir Deutsche in unserer Zeit durch die Welt gehen, stolz, erhobenen Hauptes, in dem sicheren Gefühl, das Gottesvolk zu sein. So wie des Deutschen Vogel, der Aar, hoch über allem Getier dieser Erde schwebt, so soll der Deutsche sich erhaben fühlen über alles Gevölk, das ihn umgibt, und das er unter sich in grenzenloser Tiefe erblickt.

Aber dass Adel verpflichtet, gilt auch hier. Die Idee, das auserwählte Volk zu sein, lädt gewaltige Pflichten – und nur Pflichten – auf uns. Wir müssen uns vor allem in der Welt als ein starkes Volk erhalten. Nicht auf Eroberung der Welt ziehen wir aus. Habt keine Angst, ihr lieben Nachbarn: verschlingen werden wir euch nicht. Was sollen wir mit diesen unverdaulichen Bissen im Magen? Und halb zivilisierte oder Naturvölker zu erobern, um sie mit deutschem Geiste zu erfüllen, danach steht unser Begehr auch nicht. Eine solche «Germanisierung» ist gar nicht möglich. Der Engländer kann in diesem Sinne allenfalls kolonisieren und fremde Völker mit seinem Geiste erfüllen. Er hat ja keinen. Es sei denn der Krämergeist. Zu einem Händler kann ich jeden beliebigen Menschen machen, und englische Zivilisation verbreiten, ist kein Kunststück. Das den Engländern nachgerühmte, grosse «Kolonisationstalent» ist nichts als ein Ausdruck ihrer geistigen Armut. Deutsche Kultur aber andern Völkern einzupflanzen: wer möchte sich des unterfangen? Heldentum kann man nicht wie Gasleitungen an jede beliebige Stelle der Erde verlegen. Wir Deutsche werden also – von Rechts wegen! – immer schlechte Kolonisatoren bleiben. Und fremde Länder zu akkumulieren, wie England: das scheint uns auch nicht der Mühe wert. «Expansionstendenz» steckt also ganz und gar nicht im neuen Deutschland. Die überlassen wir neidlos England, das sie in sich hat wie jedes Warenhaus: von Rechts wegen!

Wir wollen ein starkes deutsches Volk und also ein starker deutscher Staat sein und bleiben und also auch wachsen in den Grenzen des Organischen. Und wenn es notwendig ist, dass wir unsern Länderbesitz ausweiten, damit der grössere Volkskörper Raum bekomme, sich zu entfalten, so werden wir so viel Land an uns nehmen, als uns notwendig erscheint. Wir werden auch unsern Fuss dorthin setzen, wo es uns aus strategischen Gründen wichtig dünkt, um unsere unantastbare Stärke zu erhalten: werden also, wenn es unserer Machtstellung auf der Erde frommt, Flottenstationen anlegen etwa in Dover, in Malta, in Suez. Weiter nichts. «Expandieren» wollen wir uns ganz und gar nicht. Denn wir haben Wichtigeres zu tun. Wir haben unser eigenes, geistiges Wesen zu entfalten, haben die deutsche Seele rein zu erhalten, haben achtzugeben, dass der Feind, der Händlergeist, nirgends in unsere Sinnesart eindringe: nicht von aussen und nicht von innen. Diese Aufgabe aber ist eine gewaltige und verantwortungsvolle. Denn wir wissen, was auf dem Spiele steht: Deutschland ist der letzte Damm gegen die Schlammflut des Kommerzialismus, der sich über alle andern Völker entweder schon ergossen hat oder unaufhaltsam zu ergiessen im Begriffe ist, weil keines von ihnen gegen die andringende Gefahr gepanzert ist durch die heldische Weltanschauung, die allein, wie wir gesehen haben, Rettung und Schutz verheisst.

Möchten Euch, meine lieben, jungen Freunde, denen ich diese Blätter widme, meine Worte zu Herzen dringen und in Euch den Geist stärken, der uns zum Siege führen wird: den deutschen Heldengeist! Wir, die wir nicht in Euren Reihen mitkämpfen können, blicken mit Neid auf Euch, die Ihr Euer Heldentum mit Eurem Tode besiegeln dürft. Wir können nichts anderes tun, als Euch Schwerter schmieden, mit denen Ihr bei Eurer Rückkehr in die Heimat den grossen und schwierigen Kampf gegen die inneren und äusseren Feinde Eures geistigen Heldentums führen sollt.

---

1 Zitiert nach Lenger, Friedrich: Sozialwissenschaft um 1900. Studien zu Werner Sombart und einigen seiner Zeitgenossen. Frankfurt a. M., Berlin, Bern 2009. S. 26f.
2 Zitiert nach Lenger, Friedrich: Werner Sombart, 1863–1941. Eine Biographie. München 1994. S. 249.
3 Zitiert nach Lenger, Sozialwissenschaft um 1900. S. 147.
4 Klee, Ernst: Das Personenlexikon zum Dritten Reich. Frankfurt a. M. 2005. S. 586.
5 «Seefahren ist notwendig, Leben ist es nicht.» Angeblicher Ausspruch des Pompeius. Plutarch, Vita Pompei 50,2.
6 «Mögen sie (mich) hassen, wenn sie (mich) nur fürchten.» Zitat aus einem Tragödienfragment des Lucius Accius (um 170–90 v. Chr.).
7 Johann Baptist Hermann Maria Baron de Cloots, 1755–1794, französischer Schriftsteller, Revolutionär und Politiker. Übername «orateur du genre humain».
8 Internationaler Sozialistenkongress in Stuttgart 1907.
9 Charles William Eliot, 1834–1926, Präsident der Harvard University.

Louis Dumur

«In allem und überall zeigt sich Deutschlands Abhängigkeit vom Ausland»
Culture française et culture allemande. Lausanne 1915.

Louis Dumur (1863–1933) gilt als derjenige Westschweizer Schriftsteller, der während des Kriegs am vehementesten für Frankreich Partei ergriff. Dumur, in Chougny bei Genf geboren, begann 1881 in Genf ein geisteswissenschaftliches Studium und wechselte ein Jahr später an die Sorbonne. 1884 brach er sein Studium ab, um sich ganz der Schriftstellerei zu widmen. Als der Erfolg ausblieb, trat Dumur in St. Petersburg eine Stelle als Hauslehrer an und unternahm mehrere Reisen durch Ost- und Nordeuropa, kehrte aber immer wieder nach Paris zurück. Nach seiner endgültigen Rückkehr Anfang der 1890er-Jahre wurde Dumur als Redaktor und Sekretär der Literaturzeitschrift «Mercure de France» tätig und kam mit mehreren Romanen zu einiger Bekanntheit.

Dumurs ursprünglich internationalistische und humanistische Haltung – er arbeitete auch für mehrere pazifistische Zeitschriften – wurde durch den Krieg tief erschüttert. Da der «Mercure de France» sein Erscheinen bei Kriegsausbruch vorübergehend einstellte, kehrte Dumur für ein Jahr nach Genf zurück, wo er für die «Internationale Zentralstelle für Kriegsgefangene» arbeitete. In den «Cahiers vaudois» veröffentlichte er damals den antideutschen Essay «Culture française et culture allemande», in dem er der deutschen Kultur jegliche innovative Kraft absprach. Auch in zwei Kriegsromanen, die Dumur in der Zwischenkriegszeit veröffentlichte, zeichnete er die Deutschen als brutale Barbaren. Genauso harsch kritisierte der Westschweizer auch sein Heimatland. In zahlreichen Artikeln, die wegen ihrer Schärfe in Frankreich publiziert werden mussten und 1917 unter dem Titel «Les deux Suisses» in Buchform erschienen, verurteilte Dumur die Neutralität der Schweiz und die angebliche Deutschfreundlichkeit von Politik und

Militär aufs Schärfste. Der Westschweiz riet er, sich von der Deutschschweiz zu trennen, «um sich, unabhängig und rein, der grossen Allianz jener Demokratien anzuschliessen, die das Recht schützen, und so in der Zukunft wie in der Vergangenheit frei, treu, individualistisch und romanisch bleiben»[1]. *Sowohl in der Deutschschweiz als auch in der Westschweiz wurde Dumur vorgeworfen, die Interessen und den Zusammenhalt des Landes zu gefährden. Er lebte bis zu seinem Tod in Paris.*

Der Deutsche ist laut Nietzsche kein Instinktwesen, er ist ein fleissiger Schüler. Er hat die moderne Zivilisation nicht geschaffen und sie folglich auch nicht erlebt. Er hat sie fertig übernommen, in dem Masse, wie sie sich jenseits der Vogesen und der Alpen herausgebildet hat. Er hat sich ihr mühsam angepasst, oft erst ein oder zwei Jahrhunderte später, und erst vor kurzem ist es ihm mit allergrösster Mühe gelungen, sich zwar nicht an ihre Spitze zu stellen, aber doch seinen Platz in ihr einzunehmen. Dort tritt er mit kindlichem Stolz und sichtlicher Unbeholfenheit auf der Stelle.

Deshalb verspürt der Deutsche gegenüber dem Phänomen der Zivilisation, der er angehört, die ihm aber gewissermassen fremd geblieben ist, ein komplexes Gefühl und eine leichte Befangenheit. Um für sich Klarheit zu gewinnen, musste er also die verschiedenen Bedeutungen, die das Wort Zivilisation umfasst und die für ihn tatsächlich unterschiedlichen Dingen entsprachen, getrennt voneinander betrachten. So hat er einerseits dem Wort Zivilisation seine allgemeine Bedeutung belassen, dieselbe, die es auch im Französischen besitzt, davon aber die Gesittung beziehungsweise die Kultivierung der Sitten und vor allem die Bildung und die Kultur unterschieden.

Bildung ist die Gesamtheit der Mittel, über welche die Menschheit zu einem bestimmten Zeitpunkt verfügt, um bestmöglich zu leben; vor allem ist es die Beherrschung der Wissenschaften; es ist alles, was dem Einzelnen und den Gemeinschaften dazu dient, ihre Vorherrschaft über jene zu begründen, die weniger Bildung haben. [...]

Zwar haben die Deutschen eine Bildung, eine Kultur aber spricht

Nietzsche ihnen ab. Im Unterschied zur Bildung ist «Kultur» die Gesamtheit der Eigenschaften, die eine Rasse auszeichnen und ihre Wesensart ausmachen; vor allem ist Kultur, so Nietzsche, «die Einheit des künstlerischen Stils in allen Lebensäusserungen eines Volkes»; es ist der Geschmack, die Farbe, die Form, die Gestalt, die man Dingen und Ereignissen gibt; es ist die Art, das Leben zu betrachten, ihm ein bestimmtes Aussehen zu verleihen und es zu leben.

Kultur und Bildung müssen nicht notwendigerweise nebeneinander bestehen, aber jede wahre Zivilisation umfasst parallel zur Bildung eine Kultur. [...]

Was also die Kultur wesentlich von der Bildung unterscheidet, ist die Tatsache, dass sie eine Ordnung schafft, die es vor ihr nicht gab. Kultur beschränkt sich nicht wie Bildung darauf, die in einer bestimmten Epoche vorhandenen Kenntnisse und technischen Mittel zusammenzuzählen und zu speichern, sie zu sammeln und zu nutzen, Kultur gestaltet Neues, hinterfragt, meistert das Leben auf andere Art und gibt ihm eine neue Färbung, verleiht der Zivilisation eine andere Note und deckt völlig neue Seiten an ihr auf. [...]

Geht man die Liste der grossen modernen Erfindungen durch, wird man keine einzige finden, die auf deutsche Intelligenz zurückzuführen wäre. Deutschland hat weder den Dampf entdeckt noch den Sprengstoff noch die Elektrizität, es hat weder die kabelgebundene noch die kabellose Telegrafie erfunden noch das Telefon noch den Phonographen, nicht das Automobil, das U-Boot oder die Luftfahrt, nichts, nicht einmal Salvarsan[2]. Seine Rolle bei der Eroberung unserer Zivilisation ist mehr oder weniger eine passive geblieben.

Allerdings gibt es den Buchdruck! Der Buchdruck ist die grosse deutsche Entdeckung. Doch sollte man nicht vergessen, dass zur Zeit der Erfindung des Buchdrucks bereits der Holzschnitt bekannt war. Damals wurde allenthalben nach einer Methode gesucht, mit der man Reproduktionen schriftlicher Werke ohne zu grossen Aufwand vervielfältigen konnte. Gutenberg wurde fündig. Doch seine Erfindung, so wichtig sie auch in der Folge sein mochte, war nicht viel mehr als die

Entdeckung eines Verfahrens, und dafür brauchte man kein überragendes Genie. Mit den Keplerschen Gesetzen und der Differenzialrechnung von Leibniz ist meines Wissens die Bilanz dessen, was der wissenschaftliche Fortschritt Deutschland schuldet, mehr oder weniger vollständig. Das ist mager, und welches kleine Land wie zum Beispiel Holland, Polen oder Schweden hätte da nicht ebenso viel, wenn nicht mehr zu bieten? Freilich muss man hinzufügen, dass die Wissenschaft sich bis zum Ende des 18. Jahrhunderts ausschliesslich des Lateinischen und Französischen bediente, dass sie somit eine Art internationalen Charakter besass, weshalb sie sich teilweise den Bedingungen der einzelnen nationalen Kulturen entzog, deren oberste, wie bereits angesprochen, die Sprache ist. Leibniz hat all seine Werke auf Latein und Französisch verfasst, und höchstwahrscheinlich hat er auf Französisch gedacht. Und ist es nicht zumindest eigenartig, dass ausgerechnet ab dem Moment, da jenseits des Rheins der Gebrauch der deutschen Sprache in der Wissenschaft die Oberhand zu gewinnen begann, die Gabe der genialen Erfindung dort auf mysteriöse Weise verschwand?

Sieht Deutschlands schöpferische Rolle wenigstens in der Literatur und in den Künsten besser aus?

In diesem Bereich herrschten die gesamte erste Hälfte des 19. Jahrhunderts hindurch zwei riesige Irrtümer, an denen eigenartigerweise zum grössten Teil die französischen Romantiker Schuld waren. In ihrem leidenschaftlichen Kampf gegen die klassische Tradition verfielen sie darauf, im Ausland nach Unterstützung zu suchen, und schrieben in ihrer für diese Phase der Literaturgeschichte charakteristischen Unwissenheit Deutschland alle möglichen Tugenden zu, die es gar nicht besass. Sie beehrten es mit dem gesamten Mittelalter, mit seinem Rittertum, seinen Legenden, seiner Originalität, seinem Feudalismus, seinem Ehrgefühl und seinem Sinn für das Geheimnisvolle, und zu allem Überfluss schrieben sie ihm noch die Erfindung des Spitzbogenstils zu. Und als hätten ihnen all diese Geschenke nicht genügt, machten sie es obendrein zum Schöpfer der Romantik selbst.

— J'espère bien, Wilhelmina, que tu as renoncé pour toujours à ces horribles modes françaises qui déforment la belle nature germanique.

Dessin de FABIANO.

«Ich hoffe ja sehr, Wilhelmina, dass du dieser schrecklichen französischen Mode, die das herrliche deutsche Wesen entstellt, auf immer abgeschworen hast.» Le Rire, 1915.

Heute weiss man, dass dies keinesfalls der Wirklichkeit entspricht und die französischen Romantiker sich nur die Mühe hätten machen müssen, sich im eigenen Land umzuschauen, um in Hülle und Fülle vorzufinden, was sie aus purer Lust am Aufbegehren gegen die Klassiker in Deutschland suchten. Man stelle sich nur vor: Am Anfang seines Romans «Bekenntnis eines jungen Zeitgenossen» [«Confession d'un enfant du siècle»] zählt Musset[3] eine ganze Reihe angeblicher Vorfahren der Romantik auf, die er sich in aller Herren Länder zusammensucht, beweihräuchert Lord Byron und nennt Goethe den «Ahnherren einer neuen Literatur», vergisst aber ausgerechnet einen Namen, den einzigen, der hätte genannt werden müssen: Rousseau!

Goethe, der wusste, woran er war, sagte zu Eckermann: «Wir Deutschen sind von gestern. Wir haben zwar seit einem Jahrhundert ganz tüchtig kultiviert; allein es können noch ein paar Jahrhunderte hingehen, ehe bei unseren Landsleuten so viel Geist und höhere Kultur eindringe und allgemein werde, dass sie gleich den Griechen der Schönheit huldigen, dass sie sich für ein hübsches Lied begeistern, und dass man von ihnen wird sagen können, es sei lange her, dass sie Barbaren gewesen.»

«Wir haben tüchtig kultiviert», das ist wirklich der passende Ausdruck. Deutschland hat immer nur «kultiviert». Es ist bei den anderen in die Schule gegangen, wie einst Rom literarisch und künstlerisch bei den Griechen in die Schule gegangen ist. Und genauso wenig wie Rom vermochte es die Einflüsse zu überwinden, von denen es immer gelebt hat, um seinerseits schöpferisch tätig zu werden und eine neue, eigene Kultur zu entwickeln.

Das Mittelalter ist, wie durch ausgiebige Forschungen belegt, mehr oder weniger ganz auf westlichem Boden entstanden und hat sich dort entfaltet, so auch der oft erwähnte Sinn für das Mysteriöse, der rein keltischen Ursprungs ist. Die Romantik ihrerseits wurzelt ganz und gar im französischen 18. Jahrhundert und, durch dieses vermittelt, bei Shakespeare. Der deutsche Kritiker Hillebrand[4] stellt in einer Studie über die Berliner Gesellschaft von 1789 bis 1815 ganz richtig fest: «Das achtzehnte Jahrhundert lag auf den Knien vor dem französischen Geiste, der allen Höfen Europas seine Ideen übermittelt und dann auch die Männer gefunden hatte, die sie verwirklichten. Die Entwicklung der Literatur in Deutschland verdankt zum grossen Teil diesem Einfluss ihr Entstehen und namentlich die Richtung, die sie einschlug: es ist schwer zu sagen, was aus Wieland geworden wäre ohne Voltaire, aus Lessing ohne Diderot, aus Herder ohne Rousseau.»

Bleibt noch Goethe. Goethe war wohl der grösste Geist, dessen sich das moderne Europa rühmen kann. Er hat alles gesehen, alles kennengelernt, alles verstanden, er hat sich für alles interessiert, hat alles vertieft und alles in einem unvergänglichen und wahrhaft menschlichen Stil auszudrücken vermocht. Wie häufig festgestellt wurde, lässt sich Goethe nicht einer Nationalliteratur zuordnen, sondern steht auf der höheren Ebene der Weltliteratur. Dichter und Prosaschriftsteller, Romancier, Dramaturg, Kritiker, Denker, Gelehrter, mal Romantiker, mal Klassiker, hat er seine Inspiration abwechselnd in England, Frankreich, Italien, in der Antike und im Orient geschöpft. Er war alles, nur nicht – gerade weil er universell war – ein Schöpfer. Seine ersten Dramen sind Shakespeare nachempfunden; Werther ist der Saint-Preux der «Nouvelle Héloïse»; Lotte und Dorothea hat er wiederum bei Rousseau abgeschaut; Faust ist ein in eine mittelalterliche Umgebung transponierter und weiterentwickelter Hamlet. «Ohne Rousseaus Einfluss», sagt ein anderer deutscher Kritiker, «wären Werther und vielleicht sogar Faust nicht möglich gewesen.»

In den Liedern und in der Anlage der Figur der Margarete mag man vielleicht etwas echt Deutsches sehen: die deutsche Sentimentalität, dieses typische Gemüt, das in der Tat das Besondere an der deutschen Seele zu sein scheint. Doch unwillkürlich kommen einem Zweifel daran, wenn man bedenkt, dass der Mann, der dieses berühmte Gemüt am besten auszudrücken vermochte und folglich als der deutscheste aller Deutschen gelten müsste, ein Jude war: Heine.

Wie dem auch sei, das wohl Genaueste und Verständlichste, was man über Goethe sagen kann, ist, dass er schon im Voraus und in glänzender Weise folgenden Gedanken von Nietzsche umgesetzt hat: «Der also, welcher den Deutschen wohlwill, mag für seinen Teil zusehen, wie er immer mehr aus dem, was deutsch ist, hinauswachse. Die Wendung zum Undeutschen ist deshalb immer das Kennzeichen der Tüchtigen unseres Volkes gewesen.»

Auch auf die Architektur, die Bildhauerkunst, die Malerei, die angewandte Kunst oder die Technik könnte man die obigen Überlegungen zur Literatur anwenden und würde zu analogen Feststellungen gelangen. In allem und überall zeigt sich Deutschlands Abhängigkeit vom Ausland. Sogar seine Kriegskunst, auf die es so stolz ist, verdankt es von A bis Z Napoleon. Nun sollte man nicht meinen, dass dieser im Gegenzug dem grossen deutschen Strategen Friedrich II. etwas verdankt. Einer der kompetentesten Militärschriftsteller sagt dazu: «Während Friedrich II. die Methoden der früheren Kriege zu höchster Perfektion steigert, suchen die französischen Generäle den Fortschritt in taktischen Neuerungen. Freilich sind sie nur mittelmässige Ausführende und wenden ihre Methoden im Siebenjährigen Krieg kaum an, bereiten aber das Material vor, das bald Napoleon einsetzen wird.»

Der Deutsche adaptiert also hauptsächlich; darin liegt seine Aufgabe. [...]

Einen einzigen Punkt meiner Ausführungen könnte man anfechten. Ich hatte eigentlich nicht vor, ihn zu berühren. Aber da er das Loch ist, in das man die Dynamitpatrone legen könnte, die dann womöglich meine gesamte Argumentation sprengen würde, muss ich ein paar Worte dazu sagen, wenn dieser Punkt auch für sich allein eine ebenso ausführliche Untersuchung verdiente wie das Vorangegangene.

Wie man sich denken kann, geht es um Musik. Zumindest in diesem Bereich, wird man sagen, sind die Deutschen Erfinder, sind sie genial. Das ist unbestreitbar. Indes sei eingewandt, dass die Musik, wenngleich sie in Deutschland einen grossen Aufschwung erlebt hat, nicht dort entstanden ist. Einmal abgesehen von ihren antiken Ursprüngen, liegen ihre Anfänge und ihr frühes Aufblühen in Italien, in Frankreich, in Flandern. Bach, der grosse Kantor, musste also nur noch auf der Bühne erscheinen, um ihr zur vollen Reife zu verhelfen, zu ihrem vollendeten, herrlichen Ausdruck. Mit Haydn und Mozart erfuhr sie abermals eine Erweiterung und Bereicherung, wenngleich der italienische Einfluss spürbar blieb. In der gesamten deutschen musikalischen Bewegung steckt natürlich mehr als blosse Bildung, und mag auch keine eigentliche Kreation zu beobachten sein, so doch zumindest eine schöpferische Entwicklung, was aus kultureller Sicht ungefähr das gleiche ist.

Wir könnten es dabei belassen und uns darauf beschränken, zugunsten der deutschen Musik die berühmte Ausnahme zu machen, die die Regel bestätigt, wäre nicht zufällig der grösste deutsche Musiker, der Meister der gesamten modernen deutschen Musik, ein Nicht-Deutscher, ein Ausländer, ein Mann, der nach seiner Rasse und Herkunft einer fremden Kultur angehört: Ich meine den Flamen Ludwig van Beethoven.

Solche Abstammungsfragen mögen auf den ersten Blick müssig und von fragwürdiger Bedeutung erscheinen, entsprächen sie nicht oftmals sehr wichtigen fundamentalen Gegebenheiten. Und bei Beethoven ist dies eindeutig der Fall. Was Beethoven Deutschland gebracht hat, ist, das darf man nicht übersehen, nichts wirklich Deutsches. In dieser erhabenen Musik liegt ein Odem, eine Inspiration, ein Elan, eine Farbe, eine Bewegung, eine ganze pulsierende, grandiose Lebendigkeit, die Deutschland nicht kannte, die nicht von deutschem Boden kam, vielmehr ist Beethovens Kunst eng verwandt mit der wunderbaren flämischen und niederländischen Malerei. In der Kunst des grossen Musikers findet man die warme, üppige Farbpalette eines Rubens, die Erhabenheit und den Formenreichtum eines Van Dyck, vor allem aber die glühende, pathetische Seele, die starke, tiefe Menschlichkeit eines Rembrandt wieder. Und da das gesamte musikalische Deutschland Beethoven nachgeahmt hat, da es sich in seiner gesamten weiteren Entwicklung bis hin zu Wagner von ihm hat inspirieren lassen, sollte man nicht davon sprechen, dass Beethoven deutsche Musik, sondern dass Deutschland Musik nach Beethovenscher Manier gemacht hat.

Wie man es auch beurteilen mag, und wenn man auch Deutschland all seine Musik, ob Beethoven nachempfunden oder nicht, zugute hält, so bleibt uns dennoch, zu einem Schluss zu kommen. Was bedeutet im Vergleich zu Frankreich mit seinen drei reichen Kulturen, die alle drei zutiefst neu, alle drei zutiefst schöpferisch sind, die gesamte deutsche Kultur? Was ist sie wert, gibt es sie überhaupt in der eigentlichen, von uns dargelegten Bedeutung, die auch die Deutschen dem Wort Kultur verliehen haben, um es zu Recht von der Bildung zu unterscheiden? Erinnern wir uns, dass es, um von Kultur sprechen zu können, nicht ausreicht, wenn ein Volk sich in einem einzigen Bereich als überlegen und eigenständig erwiesen hat. Wie wir zu Beginn dieser Studie sagten, ist Kultur das Resultat einer Vielzahl von Dingen und führt zu einem eigenen Stil. Erwähnen wir neben der Musik ruhig auch die deutsche Metaphysik, die, wenngleich sie durchweg von Descartes und den Engländern stammt, doch in Deutschland eine interessante, beinahe innovative Entwicklung genommen hat, und fragen wir uns nun, nach allem, was wir festgestellt haben: Gibt es einen deutschen Stil? Gibt es eine deutsche Kultur?

Nietzsche, den seine doppelte Eigenschaft als Philosoph und Musiker hätte nachsichtig stimmen müssen, sagt nein: «Mit dieser Art von ‹Kultur›, die doch nur eine phlegmatische Gefühllosigkeit für die Kultur ist, kann man aber keine Feinde bezwingen, am wenigsten solche, die, wie die Franzosen, eine wirkliche, produktive Kultur, gleichviel von welchem Werthe, haben, und denen wir bisher Alles, meistens noch dazu ohne Geschick, nachgemacht haben. Hätten wir wirklich aufgehört, sie nachzuahmen, so würden wir damit noch nicht über sie gesiegt, sondern uns nur von ihnen befreit haben: erst dann, wenn wir ihnen eine originale deutsche Kultur aufgezwungen hätten, dürfte auch von einem Triumphe der deutschen Kultur die Rede sein. Aber bis jetzt giebt es keine deutsche originale Kultur.»

Ich wäre da weniger streng und entschieden als Nietzsche, und angesichts des wahren Genies – hier ist das Wort nicht fehl am Platze –, das die Deutschen im Nachahmen fremder Kulturen besitzen, angesichts der ausserordentlichen Kunst, mit der sie deren Früchte zu ihrer eigenen Stärke, ihrer eigenen Grösse, ihrem eigenen Ruhm zu nutzen verstehen, angesichts ihrer rühmlichen Verwendung fremder Kulturen und des erkennbaren und brennenden Wunsches, deren auf ihre Weise eingedeutschte Wohltaten in der Welt zu verbreiten, und schliesslich, um nicht Gefahr zu laufen, bei meinen Landsleuten Missfallen zu erregen, werde ich für mein Teil mich bereit erklären, den Deutschen eine Kultur zuzusprechen, allerdings nur unter der Bedingung, dass man sie weiterhin mit K schreibt.

Aus dem Französischen von Maria Hoffmann-Dartevelle

1 Dumur, Louis: Les deux Suisse. Paris 1917. S. 15.
2 Bayer 606 (Salvarsan). Erstes wirksames Mittel gegen die Syphilis, entdeckt vom deutschen Arzt Paul Ehrlich 1909.
3 Alfred de Musset, 1810–1857, französischer Romantiker.
4 Karl Hillebrand, 1829–1884, deutscher Literaturhistoriker.

Paul Oskar Höcker

«Es gilt, mit aller Strenge vorzugehen»
An der Spitze meiner Kompagnie.
Drei Monate Kriegserlebnisse. Berlin 1914.

Paul Oskar Höcker (1865–1944) studierte Komposition an der «Hochschule für Musik» in Berlin und arbeitete anschliessend als Kapellmeister. Durch seinen Vater, den Schauspieler und Schriftsteller Oskar Höcker, kam Paul Oskar früh in Kontakt mit der Literatur. Nach seinem militärischen Dienstjahr 1888/89 wurde er Schriftsteller und Redaktor. Schauspiele, Jugendbücher, Reiseberichte und vor allem seine Unterhaltungsromane machten ihn zum Bestsellerautor. Viele seiner Werke wurden übersetzt, dramatisiert und später verfilmt. Von 1905 bis 1935 war Höcker zudem Mitherausgeber der populären Revue «Velhagen & Klasings Monatshefte».

Bei Kriegsausbruch wurde der knapp 49-Jährige als Hauptmann der Landwehr an die Westfront einberufen und führte während vier Monaten eine Kompanie. Seine Erlebnisse schilderte Höcker in Form von Feldpostbriefen für den «Berliner Lokalanzeiger». Von Aachen aus zog er mit seiner Truppe im August 1914 westwärts durch Belgien. In den bereits besetzten Gebieten mussten alle Waffen, Munition und Sprengstoffe eingesammelt werden. Höckers Berichte dokumentieren das harte Vorgehen gegen die Bevölkerung im Kampf gegen sogenannte «Franctireurs» – zivile Heckenschützen, welche angeblich an vielen Orten nichtsahnende deutsche Soldaten überfallen haben sollen. Wo Höcker Waffenverstecke oder Widerstand antraf, liess er «Strafgerichte» abhalten: Hinrichtungen, Geiselnahmen, Inbrandsetzungen. Zwar beschrieb er keinen einzigen Franctireurhinterhalt, dessen Augenzeuge er geworden wäre, zweifelte aber dennoch keine Sekunde an der Authentizität entsprechender Berichte und an der Notwendigkeit, der Bevölkerung «die eiserne Faust zu zeigen» (S. 123).

Noch 1914 erschienen die Texte in Buchform unter dem Titel «An der Spitze meiner Kompagnie». Das Werk wurde zum Bestseller. Bis 1939 war es das meistverkaufte aller 1914 und 1915 erschienenen deutschsprachigen Kriegsbücher.

Von Dezember 1914 bis September 1918 gab Höcker, der dem Stab der Kommandantur des eroberten Lille zugeteilt worden war, die «Liller Kriegszeitung» – eine Frontzeitung für die Soldaten – heraus. Seine Erlebnisse in Lille verarbeitete er in mehreren Romanen. Nach dem Krieg kehrte Höcker nach Berlin zurück und setzte seinen schriftstellerischen Erfolg fort. 1933 unterzeichnete er das «Gelöbnis treuester Gefolgschaft für Adolf Hitler», galt dem Regime jedoch als Mitläufer.

Das Schwerste ist überstanden: der Abschied. Frau und Kinder standen im Garten und winkten dem Auto nach, das von Westend nach dem Anhalter Bahnhof eilte. Man hat die Zähne zusammengebissen und hat das Taschentuch noch ein Weilchen flattern lassen und hat ein fröhliches Gesicht gemacht. In der Villenstrasse alles noch ganz still. Aber vorn, am Reichskanzlerplatz, stehen die Frauen vor den Läden und sprechen über die Mobilmachung. Dem Friseur sind seine Gehilfen genommen, dem Kaufmann seine Austräger, dem Blumenhändler seine Binder. Das Butterfräulein winkt mir zu, als das Auto um die Ecke biegt.

Ich bin noch nie mit so wenig Handgepäck auf so grosse Fahrten ausgezogen. Immer ist mir's, als müsst' ich etwas vergessen haben. Aber das ist wohl nur der innere Draht, der einen noch mit seiner Heimat verbindet und auf dem Depeschen hin und her gesandt werden, innige Friedensdepeschen im hellen Kriege, die ihr Ziel ohne abstempelnde Beamte finden müssen.

Nur keine Bahnhofsabschiede! Sie tun mir leid, die Pärchen, die Gruppen mit den nassen Augen, mit den letzten schmerzenden Küssen. Noch fünf Minuten, noch drei ... Einsteigen! ... Ich schnalle den Säbel ab, den gestern der Waffenmeister geschliffen hat, nehme Platz, und der endlose Militär-Lokalzug rollt langsam aus der Halle hinaus in die blendende Sonne.

Ja, der Abschied war doch das Schwerste. Die ungeheuerliche Vorstellung, dass man etwa mit Zehntausenden, Hunderttausenden zusammen zerschmettert am Boden liegen sollte, dass man an all den dringenden Geschäften der Familie, des Hauses, der Arbeit niemals mehr irgendwelchen Anteil haben sollte. Noch so viel Pläne birgt der Kopf, noch so viel Wärme das Herz, noch so viel Kraft der ganze Kerl ...

Aber ein einziger Blick auf den Bahnsteig beim ersten Halten des Zuges – und wir halten oft, weil überall noch Leute aufgenommen werden – macht uns bescheiden. Wir sehen Freunde, Bekannte. Ein fröhlicher Zuruf. Und blitzschnell der Gedanke: Der braucht für die Seinen sein Leben genauso dringend wie du. Und keiner ist wichtiger als der andere. Und von dieser Stunde ab sind wir alle Brüder. Und die wichtigen, dringenden, unaufschiebbaren Geschäfte des Berufes haben alle, alle Zeit. Es gibt nichts Wichtiges mehr unter der Sonne, ausser diesem furchtbaren, welterschütternden Ereignis des uns aufgezwungenen Krieges nach drei Fronten. [...]

Den guten Mut und die fröhliche Zuversicht des Bataillons beweisen die Aufschriften auf den Eisenbahnwagen. Und lustige Zeichnungen gibt's in Menge. «Von wem ist denn die hier?» fragt mich der Bataillonsführer überrascht. Ich berichte ihm stolz, wie viel Talente sich unter meinen Leuten befinden. Dem Unteroffizierkorps gehört sogar der bekannte Sezessionist Waldemar Rösler[1] an.

Unter den Aufschriften belustigen uns am meisten: «Sitzungszimmer für die Eingemeindung von Frankreich und Belgien.» – «Französischer Hackepeter, ¼ Pfund 15 Pfennig.» – «Hier werden noch weitere Kriegserklärungen entgegengenommen.» – «Schlafwagen nach Paris.» – «Zum Witwenball in Paris!» – Der böse Nikolaus[2] kommt sehr schlecht weg. Man entdeckt ihn oftmals am Galgen; noch häufiger aber auf einem gewissen Örtchen, während draussen seine wildbärtigen Berater stehen, mit Brownings bewaffnet.

Durch gesegnetes deutsches Land führt uns der Zug. Alles scheint in tiefem Sommerfrieden zu liegen. Sollen Hass und Neid und Eifersucht der Nachbarn uns all die Schönheit unserer lieben Heimat verwüsten? Es ist, als habe man sein Vaterland noch nie zuvor so heiss geliebt wie in diesen schweren Tagen. [...]

Unser Auftrag ist schwer und ernst. Wir sollen das Gebiet bis zur Maas von Franktireurs säubern. Alle Tage wird aus dem Hinterhalt auf unsere durchziehenden Truppen, besonders auf kleinere Abteilungen, auf Meldereiter, Radfahrerunteroffiziere, Militärkraftwagen geschossen. Da gilt es nun endlich, scharf durchzugreifen. In einer klar und energisch abgefassten Proklamation ist den Einwohnern der von uns besetzten belgischen Gebietsteile kundgetan worden, dass alle Waffen, alle Munition, alle Sprengstoffe innerhalb der nächsten Stunden abzuliefern sind. In breiter Front bewegen sich nun mehrere Landwehrbrigaden westwärts, um das Land von solchen Marodeuren zu säubern. Jedem Bataillon ist sein Gebiet zugewiesen. Von meinem Kommandeur – einem prächtigen Feldsoldaten, einem Oberstleutnant, der 32 Jahre in der Front gestanden hat – habe ich den besonderen Marschbefehl für meine Kompagnie. Ein paar hundert Meter vor der belgischen Grenze machen wir einen Halt. Meine Leute wissen, um was es sich handelt. Wir wollen nicht wie die Barbaren hausen, aber es gilt, mit aller Strenge vorzugehen. Ich werde in jedem Gehöft, das ich auf Waffen usw. zu durchsuchen habe, dem Besitzer noch eine letzte Möglichkeit geben, mir die bei ihm auch jetzt noch verborgenen Waffen abzuliefern. Erklärt er, keine zu besitzen, und werden welche bei ihm gefunden, so muss er auf der Stelle füsiliert werden. Häuser, aus denen Angriffe erfolgen oder in denen der Durchsuchung Widerstand entgegengesetzt wird, werden sofort niedergebrannt.

Schweren Herzens vorwärts. Rechts liegt noch neutrales Gebiet, bei Moresnet, in dem «Das Heiratsdorf», der hübsche Roman von Nanny Lambrecht, spielt, dann beginnt rechts der von Franktireurs viel belästigten Strasse nach Lüttich belgisches Gebiet; deutsches Gebiet begleitet die Strasse noch eine Strecke weit links. Nicht weit von Moresnet liegen mehrere Gehöfte: Jungbusch, Hoof und zwei Abbauten [abseits gelegene Häusergruppe]. Ich entsende dahin meine vier Offiziere mit je drei Gruppen zur Durchführung und reite mit der ersten Abteilung nach Jungbusch mit. Eine schwarzweissrote Flagge weht von der grossen Linde vor dem Haus. Kein Haus ist hier ohne deutsche Flagge. Im Augenblick, da wir das Zauntor öffnen, nimmt ein junger Bursche nach dem nahen Wäldchen hin Reissaus. Ich sprenge ihm nach, aber die hier üblichen übermannshohen Weissdornhecken machen eine Verfolgung unmöglich. Eine Frau erscheint auf unser Rufen. Ob sie allein im Hause sei? Allein? Nein, sie habe eine Tochter von 15 Jahren. Sonst niemand? Zögernd setzt sie hinzu: Ja, ihr Mann sei auch daheim. Die Wehrleute dringen ein und holen ihn. Der Leutnant lässt die Gewehre fertig machen, die Zivilisten müssen vor den Zaun des Gemüsegartens treten, und ich ermahne die Hausbewohner, so eindringlich ich kann, alle Waffen abzuliefern, die sie noch im Hause haben. Der Alte schwört, er habe nie eine Waffe besessen. Sein Sohn sei seit mehreren Tagen unterwegs. Ob der eine Schusswaffe besitze? Alle drei heben beschwörend die Hand hoch: Nein, er sei ein friedfertiger Mensch, habe nie, niemals eine Waffe in der Hand gehabt. Aber in dieser Gegend ist häufig aus den Hecken heraus geschossen worden. Wir müssen das Haus von oben bis unten durchsuchen. Ein letztes Mahnwort: «Sie wissen, dass jeder Zivilist, der jetzt noch im Besitz einer Waffe betroffen wird, mit dem Tode bestraft werden muss?» – «Wir haben keine Waffen!» beteuern sie noch einmal. Und die Mannschaften verteilen sich auf Keller- und Wohnräume, Geräteschuppen und Stall, durchforschen den Garten und das Umland nach frischen Grabestellen. Vor den Gewehrläufen mit den aufgepflanzten Seitengewehren stehen die drei Leute und halten meinen Blick ruhig aus. «Wer war der Bursche, der da vorhin aus Ihrem Hause echappiert ist?» frage ich den Alten. «Haben Sie mir in letzter Sekunde noch ein Geständnis zu machen?» Der Alte faltet die Hände. «Nein, Herr Offizier, als Mann von 72 Jahren schwöre ich Ihnen zu» … Und da geschieht das Grässliche. Ein Unteroffizier und ein Wehrmann schleppen einen jungen Burschen aus dem Haus. Sie haben ihn auf dem Boden im Stroh versteckt entdeckt. Er hatte ein mit fünf Patronen geladenes belgisches Gewehr in der Hand. Aus der Dachluke mag er manch ehrlichem Deutschen nach dem Schädel oder der Brust gezielt haben. Der Bursche hat die Hände emporheben müssen. Schlotternd, käsebleich steht er da. «Wer ist dieser Bursche?» frage ich den Alten. Sie sind alle drei auf die Knie gefallen, wie vom Blitz gefällt, und lamentieren. Die Frau kreischt: «Es ist mein Sohn! Um Gottes willen, Sie wollen ihm doch nicht ans Leben?!» ... Und die Fünfzehnjährige heult herzbrechend. Der Festgenommene will entwischen und wird von den Mannschaften an die Hausmauer gestellt.

Ich muss mir gewaltsam das Bild ausmalen von den dienstfertig in die Nacht hinausreitenden deutschen Patrouillen, um deren Helme die Kugeln heimtückischer Franktireurs sausen, muss mir so recht eindringlich die sehnigen Gestalten und leuchtenden Augen unserer guten deutschen Jungen vorstellen, um diesem Jammer gegenüber Herr meiner Nerven zu bleiben und dem Befehl nachzukommen. «Er wird erschossen. Drei Mann. Fertig.»

Und von den drei Wehrleuten – es sind Familienväter, zwei Berliner und ein Landwirt – zuckt auch nicht einer mit der Wimper. Diese Sache ist gerecht. Hier ist ein Schurke gefasst, der kein Mitleid verdient. Die Salve kracht. Der schlotternde Körper sinkt in sich zusammen und rührt sich nicht mehr. In der blauen Bluse sind drei winzige Öffnungen zu sehen. Die Augen sind geschlossen, das Gesicht hat den Ausdruck überhaupt nicht gewechselt. Der Tod durch unser Gewehr ist schmerzlos. Aber auf belgischen Strassen sind deutsche Soldaten von bübischem Gesindel wie diesem am Boden liegenden Strauchräuber angeschossen und, als sie wehrlos zusammenbrachen, grausam verstümmelt worden.

«Man müsste dem Halunken, dem Alten, die ganze Bude überm Kopf anstecken!» meint der Flügelmann.

«Abmarschiert!» befehle ich.

Nach seinem Einsatz in Belgien wurde Höckers Bataillon Anfang September im Zug über die französische Grenze nach Valenciennes transportiert und führte während des zweiten Kriegsmonats Sicherungs- und Schanzarbeiten aus. Danach griff Höckers Kompanie bei der Eroberung Douais und Lilles zum ersten Mal ins Gefecht ein und fungierte nach der Kapitulation Lilles Mitte Oktober als Teil der Besatzungstruppe der Stadt. Anfang November marschierte die Brigade nach Norden, wo sie vor dem schwer umkämpften belgischen Mesen (Messines) Schützengräben zu besetzen hatte.

«Irgend etwas muss im Werke gegen uns sein.» Ja, es ist zweifellos ein Sturmangriff geplant. Die ungeheuerliche Menge feindlicher Artillerie, die sich im Halbkreis um das begehrte Messines aufgebaut hat und unaufhörlich all unsere Stellungen bestreicht, sagt es uns deutlich.

Und im Verlauf des Vormittags pirscht sich von der Ferme Bethlehem[3] trotz heftigsten Artillerie- und Infanteriefeuers Unteroffizier Meyer mit einem Befehl heran zu mir, der von der Brigade ans Bataillon gekommen ist und den ich den andern Kompagnien weitergeben soll. In dem Befehl heisst's: «Die Landwehrbrigade verbleibt vorläufig in ihren Stellungen und hat diese unter allen Umständen zu halten, darf die Schützengräben auch nicht verlassen, wenn feindliche Geschosse in sie einschlagen.»

Es heisst also: ausharren bis auf den letzten Mann.

Ich habe den Befehl für alle drei Züge abgeschrieben und darunter gesetzt:

Zusatz des Kompagnieführers

Landwehrleute! Kameraden! Seid wachsam und haltet aus! Auch wer sich körperlich schlecht fühlt, *muss* ausharren! Es ist Ehrenpflicht!

Höcker, Hptm.

Mittags um 12 Uhr setzte dann das Feuer ein, das unsere ganze Stellung bestrich. Da war auch nicht eine Strecke von fünfzig Meter ausgelassen.

Schon um 12 Uhr ahnten wir, was kommen würde, als der französische Flieger dreimal, viermal unsere Stellung umkreiste. Bald höher, bald tiefer, gewandt immer eine andere Schicht aufsuchend, sobald unsere Ballonabwehrkanonen in Tätigkeit traten.

Sechs Stunden lang ist es auf uns niedergehagelt. Wir haben wehrlos in unseren Löchern gesessen und gewartet. Gewartet auf das eine: So, nun kommst *du* an die Reihe!

Mit zehn, zwölf Granaten wird jede einzelne Kompagnie bedacht. Sie müssen sich drüben in die Arbeit redlich geteilt haben. Von links nach rechts kommt es näher. Dann nebenan der Schlag – Ausschuss und Einschlag in eines – der Lehmboden spritzt – jetzt – jetzt – jetzt ...

Man will doch nicht feige sein. Man presst die Zähne aufeinander und macht Fäuste.

Da kommt der furchtbare Donnerschlag. Ein paar Meter vor unserer Deckung splittert Holz, das vom Grabenbau liegengeblieben ist.

Dann geht's weiter. Der Nachbar zur Rechten ist dran.

Wen ein Volltreffer erfasst, der ist im Nu eine unkenntliche Masse. Ein rascher Tod, wie der vom Blitz. Da kommt der Tod wie ein Freund.

Aber schlimm sind die Verstümmelungen einzelner Getroffenen.

Nein, nicht daran denken. Nur an die Worte: Haltet aus! Es ist Ehrenpflicht! [...]

Stundenlang liegt man geduckt und harrt.

Man hört das wahnsinnige Toben der anderen Geschütze längst nicht mehr. Man hört die Stimmen der einen Batterie mit ihren vier Geschützen deutlich heraus aus dem ganzen Höllenlärm: der vier hämisch triumphierenden Geschütze, die eigens dafür ausersehen sind, uns paar Kompagnien zu zermürben, zu zerreiben, der letzten Nervenkraft zu berauben, damit schliesslich die schadenfroh dort drüben lauernden Rothosen [Franzosen] über uns herfallen können.

Die Fäuste lockern sich, die Hände wollen sich falten. Nein, nein, nein, nicht *so* beten, nicht *so*. Kein Verzweiflungsschrei darf es sein.

Will ich denn Gott um mein Leben bitten? Um mein bisschen Leben? Was ist das in dieser Unendlichkeit? Und inmitten all der ungeheuren Opfer!

Ich höre die furchtbaren Schläge wie mit rasselnden Riesenketten wieder näher kommen und näher.

Wie soll ich diesen Schlachtenlärm nur schildern. Da gibt's ja gar keine Vergleiche. Seitdem die Welt steht, haben solche Mordwaffen noch nie gegeneinander gewütet.

Ich sehe, in meiner Erdhöhle an die nasse Lehmwand gepresst, das Friedensbild der sonnebeleuchteten Ebene wie am Tag unseres Kommens. Noch steht das Klosterstädtchen, noch steht die patriarchalische Ferme Bethlehem. Vieh weidet, Hirten ziehen mit den Herden, Mägde binden Garben.

... Und in dieses feindliche Kinderspielzeug stampfen plötzlich waffenstarrende Riesen, höher als die Türme der Stadt, mit Eisentritt stampfen sie daher, eine Rotte, an die tausend Mann stark, und halten in den Fäusten Ketten von Säulenstärke, an denen Gewichte baumeln, Kugeln, grösser als Kirchturmglocken ... Und blindlings, in wahnwitzigem Ungestüm, hauen sie alles zu Boden, und wo eine ihrer Riesenkugeln einschlägt, da flammt ein Brand auf, der ein ganzes Dorf vernichtet ... Eisentüren fallen ins Schloss, turmhohe, gepanzerte Eisentüren. Ein Höllenkonzert, von allen Teufeln durchgepeitscht. Rums, Bauz, Bumm, Trums ... Eine metallische Ausgeburt alles Furchtbaren ...

Wieder naht das Reihum des Todes. [...]

Nun sind's acht volle Tage, dass wir die Schützengräben bezogen haben.

Man kann nicht mehr liegen, weder links herum, noch rechts herum. Man kann nicht mehr sitzen, man kann sich nicht mehr anlehnen. Alles, was man besitzt, trägt man in den Taschen bei sich; was zu Boden fällt, ins nasse Stroh und in den Lehm, das ist so gut wie verloren. Also geben nicht nur sämtliche Knöpfe, Schnallen und Haken des Anzugs ihren Stempel ab, sondern auch der Inhalt der Taschen.

Beim Erwachen heute fühlte ich einen Regenwurm über meine Stirn schleichen. Doch das sind Kleinigkeiten, die der Soldat ohne Murren erträgt.

Was diesen Vormittag aber besonders grausam machte, das war die Erwartung: in den Nachmittagsstunden bildet ihr wieder das Ziel für die feindliche Artillerie!

Und in solch unerhörter Heftigkeit wie in den heutigen Nachmittagsstunden hatten wir das Artilleriefeuer allerdings noch nicht zuvor erlebt.

Vielleicht ist die Stunde noch nicht reif. Wir wissen ja: die grosse Entscheidung muss und wird hier in unserer nächsten Nähe fallen, wir werden dabei sein. Und dass die Heeresleitung noch ihre bedeutenden Überraschungen für den Gegner bereithält, das ahnen wir auch!

Soeben, 8 Uhr abends, ist der Befehl gekommen: wir werden von unserem Posten abgelöst. In der Nacht übernimmt ein Reserveregiment unsere Stellungen in den Schützengräben. Morgen früh, vor Anbruch der Dämmerung, ziehen wir ab. Wir bekommen zwei Tage Ruhe, um dann zur dritten Nacht wieder die Gräben zu beziehen. [...]

Andere halten also jetzt die Wacht. – Lebt wohl, Kameraden!

In der zur Ruine zusammengeschossenen Ferme melde ich dem Oberstleutnant die Kompagnie und bekomme den Befehl, eine Meile weiter südlich Alarmquartier zu beziehen.

Lautlos, seltsam stumpf, marschieren wir durch den Morgennebel.

Als es heller wird, beginnt in dem von uns verlassenen Gebiet wieder das Artilleriefeuer. Unterwegs ein Halt. Hier steht unsere Bagage. Die Küche hält warmen Kaffee für uns bereit, und da ist auch mein Bursche mit meinen beiden Pferden.

Ich trete zu den Tieren hin, lehne meinen Kopf an den Hals der braunen Stute, dann das Gesicht, die Augen. Und ich glaube, ich war einen Augenblick so unkriegerisch, dass mich niemand hätte ansprechen dürfen, ohne dass mir's heiss in die Kehle gekommen wäre.

---

1 Rösler, ein Freund Max Beckmanns, nahm sich 1916 im Militärdienst das Leben.

2 Zar Nikolaus II., 1868–1918.

3 Bauernhof, in dem die Führung der Brigade untergebracht ist.

Martin Lang

«So hatte ich mir den Krieg nicht vorgestellt»
Feldgrau. Erste Kriegserlebnisse in Frankreich. Stuttgart 1915.

Eine eigentümliche Mischung aus patriotischer Überzeugung und Gefühlen der Ernüchterung durchzieht den Frontbericht des Leutnants Martin Lang (1883–1955). Lang, Mundartdichter und Lektor der Deutschen Verlagsanstalt in Stuttgart, wurde zunächst zur Bewachung der Stuttgarter Daimler-Werke eingesetzt. Ende August erfolgte der Transport über die französische Grenze nach Longuyon. In langen Märschen, die in der Augusthitze den Truppen stark zusetzten, gelangte Langs Bataillon vom bereits zerstörten Noërs nach Marville und schliesslich in den letzten Augusttagen über die Maas nach Montigny-devant-Sassey, das erobert und zerstört wurde. Zwischen Maas und Marne erlebte Lang zunächst das Vorgehen nach Südosten bis Bar-le-Duc, wobei sein Bataillon insbesondere bei Pretz schwere Kämpfe zu bestehen hatte. Nachdem die französische Offensive an der Marne eingesetzt hatte, erfolgte der Rückzug in die Gegenrichtung. Ende September erkrankte Lang an der Ruhr und wurde zur Erholung in die Heimat gebracht, wo er seinen Bericht verfasste.

Das Buch zeugt von Langs Mitgefühl für seine Gegner und die Zivilbevölkerung. Mehrmals beschreibt er sein Bemühen, die Erschiessung sich ergebender Mannschaften oder verdächtiger Zivilisten zu verhindern und mit den Bewohnern der zerstörten Orte in Kontakt zu treten. Nüchtern schildert Lang den Kriegstod (S. 74): «Dem Engel, der in schönen, alten Liedern und Geschichten am Abend übers Schlachtfeld geht, den sterbenden Kriegern sanftmütig die Hände faltet und gebrochene Augen schliesst, diesem sanften Himmelsboten bin ich nie begegnet. Der Krieg ist grausam, und das Sterben ist bitter.»

Trotz klarem Blick für das durch den Krieg verursachte Leid stellt Lang dessen Notwendigkeit jedoch nie in Frage (S. 141): «Erde ist auch unsere Hand, die wir noch leben, aber noch kann sie schiessen und schlagen, und das werden unsere Hände tun, bis der letzte Feind am Boden liegt.»

Hermann Hesse, der Martin Lang persönlich kannte, empfahl «Feldgrau» in der Kulturzeitschrift «März» – wohl gerade wegen der Vielschichtigkeit der Gefühle des Autors. Zwischen «Leid und Stolz» und «Bangen und Grauen» blicke eine «aufgeweckte Seele mit neuen Augen in die Sterne», so Hesse.[1]

Insbesondere als Lyriker hatte Martin Lang nach dem Krieg einigen Erfolg und war lange Jahre Cheflektor der Deutschen Verlagsanstalt. 1933 wurde er Mitglied der NSDAP, trat 1936 in die Wehrmacht ein und zog nach dem Anschluss Österreichs 1938 als Wehrmachtspropaganda-Offizier nach Wien.

Wir marschierten nach Marville auf einer schönen, festen Landstrasse. Unter der hohen Mittagssonne warfen die Bäume keinen Schatten herüber. Es wurde drückend heiss, kein Lufthauch kühlte. Der Verwesungsgeruch hatte manchem übel gemacht. Die lange Marschkolonne kam in Schuss, der Weg stieg an, und die Letzten kamen nicht mehr nach. Wer Soldat gewesen ist, kennt das liebliche Geschrei: Vorne kurz, hinten schlaucht's. Die vordere Kompagnie war aber nicht zu halten, und in den Kompagnien liefen die vorderen Züge frei weg – mit längeren Beinen, deren Marschtüchtigkeit und grössere Schrittweite in diesem Kriege die Engländer noch weltbekannt machen sollten.

Schwierig, Einzelheiten herausgreifen zu wollen aus diesem ersten Nebel verschwommener Eindrücke. Da lag wieder ein erschossener Bauer am Weg, im Graben auf dem Gesicht. Die Kugel war ihm durch den Kopf gefahren, das herausgequollene Hirn sass wie ein Stöpsel auf dem Loch in dem kurz geschorenen runden Schädel. In einem Feld stand sauber aufgestellt eine grosse Anzahl erbeuteter französischer Munitionswagen und ein Geschütz, dessen langes, dünnes Rohr sich wie ein Gänsehals steil aufgerichtet in den Himmel streckte.

Sengende Hitze und Verwesungsgeruch setzen einem gesunden Menschen zu, wenn er schwer bepackt und in ziemlich neuen Stiefeln auf harter Landstrasse marschieren muss, in einem Tempo, das nicht nach seinem Wunsch ist. Wieviel mehr den armen Schelmen mit einem Becher Zwetschgen- oder Himbeerschnaps im Leib. Sie hatten alle guten Vorsätze vergessen, vergessen ihre fröhlichen Sprüche: Parole Paris, Petersburg, London! und: Allgemeine Franzosenverfolgung! Mancher machte schlapp und blieb stöhnend zurück. Für viele war es der erste grosse Reisemarsch. [...]

Ich erwachte, als der Hauptmann nach mir fragte. Die Herren waren vom Hauptquartier zurückgekommen. Ich hörte den Bataillonsführer leise sagen: Morgen würden wir in die Schlacht eingreifen. Der Maasübergang und die festen Stellungen der Franzosen müssten morgen unter allen Umständen genommen werden.

So leise das gesprochen war, ich hatte jedes Wort verstanden. In meinem Innern war es plötzlich glühend klar. Still legte ich mich wieder an meinen Platz. Blitzhell stand mein Leben vor mir im klaren Licht der Ewigkeit – und schwand. Alles Kleinliche war ausgetilgt. Rechtes und Schlechtes, alles was ich gedacht und getan, war hinweggenommen. Es bedeutete nichts. Aber wo blieb meine Seele? Ich fasste einen Stern ins Auge, der unter dem Gezweig hereinblitzte, Gott! dachte ich – und fühlte sie geborgen.

In einer halben Stunde brachen wir auf. Ich ging selbst, um die Mannschaft zu wecken. Der Orgelprofessor schloss sich mir an: Aufstehn! rief er mit seiner feldgrauen Bassstimme, und die wunderlichen Schläfer rüttelten sich und schüttelten sich und schälten sich aus Zelttuch und Mantel, die gerollt und auf den Tornister gepackt wurden. In völliger Dunkelheit traten wir den Vormarsch an. Uns allen steckte noch der Schlaf in den trägen Gliedern, holpernd und stolpernd ging es durch den Wald, bald stockend, bald rascher, im Halbschlaf stiess man mit der Nase auf den Vordermann – der Schlaf ist oft des Soldaten mächtigster Feind.

Hinter uns lag die Heimat. Unwirklich lange schien es her, fast ein Märchen, eine Sage, dass wir durch eine Landschaft voll Jubel und Vaterlandsfreude in bekränzten Wagen gefahren waren – das war der

Nebelspalter, 1914.

Krieg, der uns jetzt umfing. Im Morgengrauen auf den Feldern ringsum sah man grosse Kolonnen biwakieren, Wagen und Pferde, die schnaubten und husteten. Artillerie war da, die rastete. Ich sah einen Fahrer das Pferd striegeln, so ruhig und gleichmässig, als stände er daheim im Stall. Wachtfeuer brannten, an denen in grossen Kesseln gekocht wurde. Die alle waren mit sich selbst beschäftigt. In diese deutsche Menschensee, die Frankreichs Erde überflutete, mündete unsere Marschkolonne als ein bescheidener Zufluss, schier unmerklich. [...]

Ich lag mit meinem Zug auf dem äussersten linken Flügel. Jetzt wurde der Angriff angesetzt: Anschluss rechts, Richtung der Kirchturm von

Montigny [Montigny-devant-Sassey]. Einzelne Kugeln pfiffen zwischen unsern Reihen durch wie Rutenschläge. Unaufhaltsam drangen wir vor. Einige Verwundete blieben zurück, die andern eilten ohne Pause immer vorwärts, immer vorwärts. Liefen die Zugführer ein Stück voraus, um vor ihren Zug zu kommen, so kamen auch die Mannschaften ins Laufen, und der Zugführer steckte wieder unter seinen Leuten und lief von neuem ein Stück vor. Es gab Schiebungen nach rechts und links, unserem Flügel wurde als neue Richtung die Waldhöhe angewiesen. In *einem* grossen Sturmlauf legten wir die weite Strecke zurück. Auf Kugeln achteten wir nicht mehr, und zuletzt kam keine mehr geflogen.

Wie steil die Halde war, wie glatt der Grasboden! Von oben aus dem Walde hörten wir rufen: Kommet doch, kommet, wo bleibet ihr denn? Da sind sie, drauf! – und wieder: Kommet doch, kommt ihr noch nicht? – Ja, wir kommen, gleich sind wir da, riefen wir zurück und liefen wie die Schäferhunde. – Im Walde wollte mir der Atem fast ausgehen. An manchen Stellen war es so steil, dass man sich an Stauden und Zweigen Schritt für Schritt emporziehen musste, um rascher vorwärts zu kommen. Das Herz klopfte wie ein Hammer, die Brust flog, der Tornister zog einen schier zu Boden. Nun tönten die Rufe schon ganz nah: Kommet! Auf! Nicht nachlassen! Wo seid ihr? Hierher! – Und wir: Hurra, da sind wir, wo ist der Feind? – Schüsse knallten im Walde. Geschrei hallte. Man hätte meinen können, da oben würde auf Tod und Leben gerungen von Mann gegen Mann.

Zwei von meinen Leuten kletterten in meiner Nähe. Dicht vor uns wurde geschossen: da steckte noch ein Franzos im Gebüsch. Wir auf ihn los, ich mit der Pistole, die Leute mit dem Kolben. Er bat ganz jämmerlich um sein Leben, klagte wie ein weidwunder Hase. – Lasst ihn, schrie ich, nicht totschlagen. – Der Franzose hatte sein Gewehr weggeworfen, flehentlich streckte er die Arme in die Höhe, die Hände zitterten wie ein Lämmerschwänzchen. – Nehmt ihn mit! rief ich, sein Gewehr zerschlagen! – Hinter mir schrie der Franzose wieder jämmerlich. Sie hatten ihm das Bajonett auf die Brust gesetzt: Soll ich dich hinmachen? – Der arme Tropf gab keinen Kreuzer um sein Leben. – Verstechet ihn, schlagt ihn tot, den Lumpen! schrien nun die Nachkommenden. Wie konnte man nur den ersten Franzosen, dessen sie habhaft wurden, in offenem Gefecht verschonen. – Grenadiere, da herauf, rief ich, hierher die Grenadiere. –

Gänzlich erschöpft kamen wir oben an, ich hätte mich gegen keinen Bajonettstoss mehr kräftig zur Wehr setzen können. Die Schenkel waren aus Gummi, keine Spannkraft mehr drin. Ich keuchte wie ein Jagdhund. Ringsum kein Franzose, nur Leute vom 7. Feldregiment, die wie Jäger und Treiber im Walde herumstanden und lagen. In jedes dichtere Gebüsch spähten sie, jeden Baumwipfel suchten sie ab. Eifrig erklärten sie uns: Die Kerle sitzen auf den Bäumen wie die Katzen. – Die Folge war, dass wieder ein Geknalle losging, sobald ein Ast merkwürdig schwankte. – Ist da einer? – Da ist einer. – Wo? – Da oben. – Seid ihr verrückt? Stopfen! Stopfen! Das ist der Wind! Ihr seht Gespenster.

Die Franzosen waren geworfen, d. h. sie hatten unseren Sturmanlauf gar nicht abgewartet, waren still verduftet. Ihre Verwundeten hatten sie mitgenommen, ein Maschinengewehr zurückgelassen. Meine Leute schlugen es an einem Buchenstamm in Trümmer. Die Munition wurde herumgezeigt. Es waren armlange, gelbglänzende, leichtfedernde Messingbänder. Eines steckte noch voll Kugeln, ein anderes war halb verschossen. Wahrscheinlich hatten sie bis zum letzten Augenblick geknallt und waren dann davongesprungen.

Ich sammelte meinen Zug, liess alle hinliegen und sich verschnaufen.

Unten in der Ebene ging das Gefecht weiter. Wartet ihr nur, dachte ich, ihr habt uns den Berg hinaufgejagt. – Enttäuschung und Ohnmacht der Erschöpfung mischten sich in mir. Das war nun die berühmte Feuertaufe, eine körperliche Leistung, nichts weiter. Ja doch, einen Franzosen hatten wir gefangen und ein Maschinengewehr gefunden. Eine Treibjagd ohne eigentlichen Erfolg. – Die Leute verhandelten eifrig, wer gefallen oder verwundet sei. Sie bezeigten grosse Lust, unsern Gefangenen büssen zu lassen. Es war ein schmächtiger, kleiner Kerl, ein Rekrut.

Immerfort hörten wir unten bei Montigny Schiessen und Geschrei. Wir hatten uns ein wenig erholt. Den Gefangenen liessen wir der andern Kompagnie. Ich stieg mit meinen Leuten in dünnen Linien durch eine Lichtung den Wald hinab. [...]

Es brannte innen im Dorf, unsere Leute standen auf dem Feld, am Weg oder in den Gärten herum, die alle mit Gebüsch eingefasst oder mit Draht umzäunt waren. Hohe Bohnenlauben versperrten die Aussicht. Ich weiss nicht, war es in einem Augenblick der Ratlosigkeit: Sollte man das Dorf stürmen, Haus um Haus nehmen – oder umstellen und warten, bis sich die Besatzung ergebe? Von den Feinden liess sich keiner mehr sehen, sie schossen einzeln aus Luken, wahrscheinlich unterm Dach hervor. Fast jeder Schuss traf tödlich. Sie konnten uns abschiessen wie Spatzen. Die nächsten Häuser wiesen uns nur kahle Giebel. – Zündet alles an! rief der Major, treibt sie heraus, die Lumpen! – Ich liess Garben holen auf dem Feld, wir schlugen Draht- und Bretterzäune zusammen, stiessen eine Kellertür ein, steckten das Stroh an. – Es waren Augenblicke seltsamer Erregung. Wir drangen in die Gasse vor, Schüsse knallten, Haustüren wurden eingestossen, eingetreten – es kam aber nicht zu dem blutigen Nahkampf, den ich erwartete.

Aus dem Innern des Dorfes kam uns eine Abteilung Franzosen entgegen, waffenlos. Zwei Offiziere an der Spitze, lange, schmale Gestalten in schwarzen Schnurröcken und Reitstiefeln, dahinter die Blaumäntel, alle mit erhobenen Händen, die sie flehentlich schüttelten. – Nicht schiessen! schrie ich, sie ergeben sich, lief hinzu, ein paar Leute mit. – *Jetez les armes! Levez les mains!* – Sie warfen auch Brotbeutel und Feldflaschen weg, um ihren guten Willen zu zeigen. Unablässig schüttelten sie die erhobenen Hände. – Warum ergebt ihr euch nicht früher? Ist es nötig, Haus um Haus anzuzünden, das ganze Dorf, um euch herauszukriegen? – Sie zuckten die Achseln, einer erwiderte: Es war befohlen – die Offiziere – was soll man machen? Befehl ist Befehl für uns wie für euch. – Es mochten etwa vierzig Leute sein. Ich liess den Zug vorüber, er stockte, unser Führer redete auf den französischen Offizier ein. Ein Wortwechsel zwischen einem erbitterten Sieger und dem trotzigen Besiegten. – Was ist das für eine Fechtart? Seid ihr Soldaten? In die Häuser versteckt ihr euch und schiesst heraus, kein Schwanz ist zu sehen, wie die Füchse muss man euch ausräuchern, und kommt man mit den Waffen in der Hand, um euch aus eurem Nest herauszuziehen, dann lehnt das Gewehr friedlich in der Ecke und ihr ruft: Pardon, jetzt tun wir nicht mehr mit, jetzt gilt's nicht mehr. Da schiesst ihr uns die Leute tot auf eure feige, heimtückische Art, immer aus dem Hinterhalt, immer aus dem Schlupfwinkel. Sehen Sie unsere Toten, und geht's euch an den Kragen, dann kommt ihr mit der Genfer Konvention. – So würden Sie's auch machen, mein Herr, würden Sie nicht auch jeden Stein Ihres Hauses verteidigen, bis Sie nicht mehr können? Das Feuer hat uns herausgetrieben. – Und unsere Soldaten. – Ja, wir wollten uns ergeben. Wir sind Ihre Gefangenen, Sie wissen – –

Ein Schuss krachte. – Sie hatten Waffen verborgen, sie schiessen, dachte ich, sprang einige Schritte zurück und schoss meinen Revolver ab. Der Major hatte dem Offizier, der seinen Arm ergriff, den blanken Säbel über den Arm geschlagen; eine Salve krachte, viele Schüsse. Wie hingemäht, mit einem einzigen Wehlaut sank der Haufen in sich zusammen; wie Garben lagen die Leiber übereinander. Alle hatten sie vor den erhobenen Mündungen der Gewehre verzweifelt die Arme vors Gesicht geschlagen.

Aus dem Haufen der Opfer erhob sich ein feldgrauer Soldat mit durchschossenem Oberarm, die Knochen wie durch einen Beilhieb auf der Fleischbank zertrümmert. Er war mit getroffen worden und schrie: Halt, halt, ihr schiesset eure eigenen Kameraden. – Noch immer fielen einzelne Schüsse, da sich jetzt im Dorfe französische Soldaten zeigten. Der Brand im Dorfinnern griff immer gewaltiger um sich. – Nicht schiessen! rief ich, es sind noch Kameraden da. – Eine Kugel fuhr einem neben mir stehenden Mann durch beide Backen. Ich führte den schwer Verwundeten weg, es sprang noch ein Mann her, wir trugen ihn auf die Seite. Er jammerte und hustete, es sei ihm so schlecht, er klagte, die eigenen Kameraden schiessen einen tot.

Das spielte sich in wenigen Minuten ab. In den Gärten und auf dem Feld herum lagen unsere toten Kameraden oder stöhnten die Sterbenden und Verwundeten. Man schickte nach Sanitätssoldaten und nach dem Arzt; Tragbahren wurden geholt.

Ich nahm ein paar Mann, vier oder fünf, und hiess sie mitgehen.

In der nächsten Dorfgasse drangen wir in die Häuser ein: Heraus, wer drin ist, ergebt euch, Franzosen! Alles heraus, riefen meine Soldaten. Ich trat eben wieder auf die Strasse, als mir ein neuer Trupp entgegenkam, und alle schüttelten sie wieder die erhobenen Hände. Misstrauen und Argwohn hegte ich noch immer, ich wollte aber doch die armen Teufel in Sicherheit bringen. Unsere Leute, die den Krieg auffassten als eine ernsthafte Sache, wo es ums Leben ginge, legten sogleich an. – Nicht schiessen! riefen auch die Franzosen und: *Pardon, pardon!* – Ich brachte meine Gefangenen dem Major und bat, sie sogleich abzuführen. Mit andern Trupps, die sich im untern Dorf ergeben hatten, wurden sie weggeführt. Wir durchstreiften das brennende Dorf, viele Häuser waren schon zusammengestürzt. Noch einmal kehrte ich zu jener Stätte der Verwirrung, wo *ein* verräterischer Schuss diesen allen das Leben gekostet hatte, zurück. Ein Schwergetroffener bäumte sich stöhnend auf und wälzte sich auf die Seite. Ich ergriff den Arm des langen, schmalen französischen Offiziers, der als der Vorderste gefallen war, er fiel schlaff herunter. Mich erfüllte ein tiefer, trostloser Widerwille. So hatte ich mir den Krieg nicht vorgestellt. – Sie sind zu weich, sagte mir der Major; im Krieg geht's ums Leben. […]

An einem Haferfeld legten wir uns zur Ruhe nieder. Das Dorf brannte in lichten Flammen ab, sternhell glänzte der Himmel. Brüllendes Vieh irrte auf den Feldern umher, eine Kuh versuchte immer wieder, in den Stall zurückzukehren; brennende Balken stürzten auf die Strasse, krachend fiel eine Hauswand ein. Das Tier brüllte sehnsüchtig, drehte unentschlossen um und lief uns entgegen, kehrte wieder um und brüllte klagend, verwundert in die knisternde Glut. Kein Mensch mehr war im Dorfe, das nun ganz den Flammen gehörte. Wie Feuerwerk krachte, knackte und knallte es an allen Enden von verbrennender Munition. Es schien (und die Aussagen der Gefangenen bestätigten es), die Franzosen, ein Bataillon stark, hatten sich zur Verteidigung bis zum Äussersten eingerichtet. Vor dem Feuer war ihnen das Herz entsunken, zum verzweifelten Durchbruch fehlte ihnen der wilde Mut.

Ich schickte Leute weg, ob sie nicht eine Kuh melken könnten. Am

Eingang zum Dorfe hielten sie eine fest. Dem Tier tat es wohl, es spürte die Berührung kundiger Hände und hielt geduldig still. Ich trat hinzu und sah nun bei den ersten Häusern auf der Wiese eine alte Frau sitzen. Neben ihr kauerte ein schmächtiges Bürschlein. Der Kleine hielt die verbundene rechte Hand vor die Brust, der Daumen war ihm abgeschossen. Er zitterte im Wundfieber. Dies Häuflein Elend und der stumme, würdige Schmerz der alten, weisshaarigen Frau verbarmte mich. Ich bot ihnen einen Becher Milch an, die Alte trank, der Junge wollte nicht. Vor seinen Augen nahm ich einen Schluck, nun trank er den Rest. Ich liess ihnen den Becher frisch füllen. *O grand malheur, grand malheur!* klagte er, *maman* sei verbrannt. Er könne nicht mehr hinein, sie holen, das Haus sei verbrannt. – Wo ist dein Vater? – Vater ist tot, erschossen. – Der Grossmutter liefen die Tränen aus den schwachen Augen. Sie deutete auf die Seite, dort lag im Gras ein erschossener Bauer. – Ich schwöre Ihnen, *mon capitaine,* er war unschuldig, er hat nicht mitgeschossen. *O quel malheur!* – Der Kleine zitterte wie ein frierendes Äffchen. Es war ein Bürschchen von vierzehn Jahren. – Komm, sagte ich, Mutter lebt vielleicht noch, wir wollen sie suchen. – Er drückte sich an die Grossmutter und schüttelte den Kopf. Ich gab ihnen Brot, die Alte wickelte es sorglich in ein Tüchlein und steckte es ein. Sie vermochte sich von der Stätte ihrer Heimat und von ihren toten Lieben noch nicht zu trennen. Sie sass auf ihrem Stühlchen wie vor dem Thron Gottes. Eine allumarmende Gebärde durchkrampfte mich, und doch vermochte ich nicht den kleinsten Teil dieses Jammers in die Arme zu schliessen.

---

1   Hesse, Hermann: Feldgrau. In:
    März, 27. März 1915. München 1915.
    S. 286f.

Albert Leopold

«Wir hassen euch nicht, ihr seid uns fremd und gleichgültig»
Im Schützengraben. Erlebnisse eines schwäbischen Musketiers auf der Wacht und beim Angriff in Polen. Stuttgart 1915.

«Ich aber werde, bis dieses Büchlein unter die Leute kommt, wieder in der Front stehen, bei meiner Kompagnie, und, wo es nun auch sei, mit frischen Kräften weiter die schwere, aber vornehmste und erste Pflicht erfüllen, die einzige, die es für unsereinen gibt, solange das von uns allen ersehnte Wort vom guten Frieden nicht erfüllt ist.» Dies ist der letzte Satz von Albert Leopolds Frontbericht «Im Schützengraben» (S.114). Rund ein halbes Jahr nach Erscheinen seines Buches, am 13. Juni 1916, fiel Leopold bei Hooge, einem Dorf nahe Ypern. «Vermisst, für tot erklärt» vermerkt das Ehrenbuch der Gefallenen Stuttgarts.

Leopold, geboren 1885, Kaufmann von Beruf, der auch schon einige Gedichte veröffentlicht hatte, erlebte als Gefreiter zunächst den Bewegungskrieg im Westen. Verwundet und krank musste Leopold nach Deutschland zurückkehren. Nach seiner Genesung meldete er sich in Stuttgart wieder zum Dienst (S.6): «Der grosse Krieg hielt meine Seele eingefangen und, ohne es mir in klaren Worten zu sagen, wusste ich, dass sie nimmer zur Ruhe kommen könne, ehe ich nicht wiederum dem grossen Geschehen einverleibt sei.» Im Mai 1915 wurde das Bataillon mit dem Zug nach Muszaki an die östliche Grenze gebracht. Nach mehrtägigem Marsch war der Bestimmungsort erreicht: Die Schützengräben nahe des polnischen Przasnysz. Von Mai bis Anfang Juli lagen Leopold und seine Kameraden in den gleichen, gut ausgebauten Stellungen, die russischen Gräben nur wenige hundert Meter weit entfernt, und warteten auf den Befehl zum Vorrücken. Leopold beschreibt Langeweile und Ungewissheit, die lange nur von Phasen wilder Spekulationen über erhoffte Vorstösse und stärkeres Artilleriefeuer unterbrochen wurden. Im Juli erfolgte der ersehnte Angriff: Leopold betei-

ligte sich an der Erstürmung des nahen Dorfes Osówiec und weiterer Weiler. Doch bald nachdem der ersehnte Vormarsch nach Osten endlich begonnen hatte, schied Leopold nach kalten und regnerischen Tagen wegen eines Darmleidens erneut aus dem Dienst aus.

Während seine Regimentskollegen weiter bis zur Memel vordrangen, verfasste Leopold sein Buch. Wie Martin Langs «Feldgrau» wurde auch «Im Schützengraben» von Hermann Hesse wärmstens empfohlen. Leopold sei überzeugter Soldat, aber genauso auch «ein lieber, zarter Mann mit innigen Gedanken und Seelenbedürfnissen, mit einer herzlichen, edlen Art zu erleben und zu sehen. Das ist so tröstlich, zumal wenn unsereiner immer wieder von Kriegsgurgeln (die aber nicht an der Front sind) gesagt kriegt, man habe ja keine Ahnung vom Denken und Sein des Soldaten, und man möge sich überhaupt mit seiner Humanitätsduselei heimbegeben!»[1]

Der erste Mai [1915] zog mit Sonnenschein in die Welt. Wir standen marschbereit, im offenen Viereck, im Kasernenhof. Eine kurze Ansprache, ein Gebet –: unter klingendem Spiel formierte sich die Kolonne und setzte sich in Marsch. Dicht gedrängt stand die Menge zu beiden Seiten der Strasse, alle Fenster waren besetzt, es regnete Blumen und war ein Winken, überall klangen herzliche Abschiedsrufe, da und dort ein plötzliches Erkennen und rasches Abschiednehmen, unter dem blühenden Bogen, den die Liebe und die Wünsche der Heimgebliebenen uns schlang, marschierten wir leicht und frei. Ich dachte an den achten August [1914]: das war auch ein Sonnabend gewesen. Damals waren wir, heiss und unbekümmert, dem Grenzenlosen ergeben, wie eine brausende Woge, aus der Heimat gestürmt, die herrliche, überschäumende Kraft des ganzen Volkes in den Herzen und Fäusten. Heute, nach drei Vierteljahren, kannten wir den Krieg, viele Herzen waren beschwert mit seinem Leid und seiner unerbittlichen Not; die Grüsse, die wir empfingen, wogen schwerer und waren aus dem tiefsten Grund geläuterter Herzen geboren, wir wussten Weg und Ziel und trugen gehärtete Entschlossenheit in uns. […]

Wir waren querfeldein gegangen, nun bot sich ein schmaler Feldweg. Wir setzten in Reihen, nach kurzer Zeit mündete der Gänsemarsch im Schützengraben. Benedikt war abkommandiert, ich führte die Gruppe. Die Leute zeigten mir den uns zugewiesenen Raum und die dazugehörigen Unterstände. Die Mannschaften der elften Kompagnie standen feldmarschmässig auf den Schützenauftritten zur Ablösung bereit. Es gab eine fröhliche Begrüssung von gedämpfter Lebhaftigkeit, es wurde nach Neuigkeiten gefragt, die es nicht gab. Dann rückte die elfte ab, froh über die vor ihr liegenden drei Ruhetage. [...]

Richard erklärte mir sachkundig die «Lage». Durch die Schiessscharten fiel der Blick zunächst auf die gelbgraue Erde, dann zog sich unser Drahtverhau quer vorbei, vor dem dehnte sich eine ebene Feldfläche in derselben schmutzigen Lehmfarbe. Zerstreut lagen ziemlich viele Leichen gefallener Russen herum, von einer Schiessscharte aus konnte man siebzehn zählen, sie lagen schon zwei Monate. Der Graben der Russen mochte 5–600 Meter entfernt sein, darüber hinweg sah man noch die dunkle Linie einer Reservestellung. Und dahinter, auf einer langsam und schwach sich hebenden Anhöhe, mit den Umrissen der Gebäude schon im Horizont, die Stadt Prasznysz [Przasnysz]. Unsere eigene Stellung zog sich von Süden her in unregelmässigen Bögen und plötzlichen, unvermutet einspringenden Winkeln vorbei vor den zusammengeschossenen Ortschaften Kiewice und Mchowo nach Norden und Osten. Nicht die ganze Stellung war besetzt. So viele Truppen waren nicht da. Es gab oft lange Grabenstellen, die dienten nur als Lauf- und Verbindungsgraben zwischen den Zügen oder den Kompagnien. Tagsüber lagen sie tot und leer, nachts hielten Patrouillen Sicherheitswache.

Was nun eigentlich los oder zu tun wäre, fragte ich Richard, nachdem ich mich genügend unterrichtet glaubte. «Nichts.» Es erschien mir sonderbar und mit dem Begriff «Krieg» schwer auf eine Linie zu bringen, dieses sorglose, untätige Herumliegen. An die Schiesserei hatte ich mich wieder gewöhnt, also blieb keinerlei Spannung. Jeder hing seiner Liebhaberei nach. Der schlief in der Sonne, jener war beim Waschen, einer kochte Kaffee und ein anderer röstete Kartoffeln, die aus den verschütteten Kellern ausgegraben wurden. Die Wachtposten standen lässig vor ihren Schiessscharten. So verrann Stunde um Stunde. Da hatte ich die Empfindung, als läge ich behaglich in einem Kahne, der mich schaukelnd fortbewege. Irgendwo im Hintergrund, wusste ich, lauerte wachsam die Gefahr, aber sie warf keinen Schatten; die Gegenwart, der Augenblick waren alles, sie wurden, so wie sie sich gaben, dankbar hingenommen; die Zukunft, wenn sie anders, gefahrbringend würde, würde uns, ebenso wie jetzt die Ruhe, bereit und am Platze finden. [...]

Ihr *Tage*, gleiche Glieder einer eisernen Kette, ihr Tage des einförmigen Wartens ohne Wechsel, ihr Tage ohne Kampf, ohne Leidenschaft, ohne Schuld und ohne Reue, ihr Tage der kleinen, stillen, steten Pflicht, ihr Tage in Sand und Lehm, und dennoch: ihr Tage voll strahlender Sonne und ewigjungem Wind –: wie könnte ich euch vergessen? Du Stück polnischer Erde, das vom werdenden bis zum sinkenden Licht seine Armseligkeit unseren Blicken offen zeigte und sich nur nachts in erborgte Schönheit und in Geheimnisse hüllte! Wir lagen im Graben, er war uns Heim und Haus, Hof und Herd, in ihm waren wir verwurzelt. Da drüben lag eine Stadt mit blinkenden Türmen, Wälder und grünende Wiesen davor, aber sie waren uns ferner als die Heimat, die uns erst recht unwirklich geworden war. Wir warteten auf den Krieg. Manchmal strömte von fern her eine Welle über uns: in den Karpaten, in Galizien gab es Luft, im Norden fiel eine Hafenstadt. Wir sassen lauschend in der Mitte. Insgeheim wussten wir, dass auch an uns nochmal die Reihe kommen würde, aber wir machten uns keinen Gedanken darüber. Wir sprachen vom Frieden, des Nachts, des Morgens, des Abends. Vom Frieden, der einmal kommen musste. Wer will uns das verdenken? Der Friedenswille, der unser ganzes Volk in den langen Jahren erfüllt hat, der ein Teil unseres Wesens war, er wirkte einfach weiter, wenn der Kampf aussetzte. Das war kein Schaden, wir sassen ja hüben und drüben in Feindesland.

Ihr unsichtbaren Gegner, wie wir geborgen hinter dem Erdwall, die ihr uns Tag und Nacht mit Kugeln grüsst, die wir verlachen, was denkt ihr? Wir hassen euch nicht, ihr seid uns fremd und gleichgültig. Dumpfheit und Gestank lagern in euren Gräben; schert euch zum Teufel oder kommt gegen uns: unser Wille hat euch das Los geworfen, es wird sich erfüllen. [...]

Die Ordonnanz des Kompagnieführers ging durch den Graben, in dem derzeit jede Nacht tüchtig geschanzt wurde. Italien habe den Krieg an Österreich erklärt [23. Mai 1915], war das Neueste. Aus den Zeitungen waren wir schon darauf vorbereitet, so machte die Nachricht keinen sonderlichen Eindruck mehr auf uns. Alle dachten ziemlich das gleiche, nicht zu leicht und nicht zu schwer: sie müssen eben auch ihre Hiebe haben. Benedikt kam zu mir: «Hast du es schon gehört? Die Schlawener, die elenden! Jetzt müssen wir am Ende noch nach Italien und Orangenbäume schütteln.»

Wir hörten die Russen in ihren Gräben singen, rauhe, ungeschulte Stimmen, eine einförmige Weise. An dem Kehrreim merkten wir, dass es ein endloser Bandwurm von Liedversen war. Einer versuchte, durch höhere Stimmlage und kräftiges Schreien dem schleppenden Gesang dramatische Bewegtheit zu verleihen, aber unsere Vermutung ging dahin, dass er betrunken war.

Eine Patrouille von der rechts von uns liegenden zehnten Kompagnie erzählte, die Russen haben einen Brief ausgesteckt, den eben einer abgeholt hatte. Darauf war in mangelhaftem Deutsch etwa geschrieben: «Tapfere Krieger! Wenn ihr müde seid, kommt zu uns, da könnt ihr ausruhen. Es werden zwei Laternen ausgestellt, dort kommt herein. Heut nacht bekommt ihr grosses Feuer!» Die Laternen waren ausgesteckt, die Feuer-Überfälle kamen auch, aber der naiven Einladung wollten wir keine Folge leisten. [...]

Am Pfingstsonntag, mittags, sahen wir einen Russen aufrecht auf der Deckung stehen, eine weisse Fahne schwenkend. Seine Bewegungen waren unzweideutig: er lud uns ein, hinüberzukommen. Wir wussten nicht, sollten wir lachen oder uns ärgern über die beharrliche Einfalt, mit der die Russen nach Italiens Kriegserklärung den Krieg zu beenden gedachten. Der Kompagnieführer gab Befehl, niemand solle schiessen und niemand sich über der Deckung zeigen, die Wachen sollen scharf und vorsichtig beobachten. Trotz der weissen Flagge schossen einzelne Russen immer noch. Dem «Parlamentär» folgten andre, den ganzen Graben entlang zeigten sich Schildmützen, Köpfe und ganze Russen über der Deckung. Alle winkten lebhaft und schrien, was die Kehle vermochte. Dann schien einer eine Ansprache zu halten, die mit lautem Beifallsgeschrei abgeschlossen wurde. Ein paar besonders freche Burschen, die wohl den Krieg schon beendigt glaubten, gingen gemächlichen Schrittes nach ihrer Reservestellung zurück. Es juckte uns in den Fingern, das Verbot zu schiessen war uns ein Dorn im Fleisch. Schliesslich durchlief den ganzen Russengraben von weit her ein gewaltiges Hurrageschrei, die Kerle gebärdeten sich wie toll, sie warfen Mützen, Tornister, Kochkessel und alles mögliche in die Luft, sprangen und tanzten. Es war, als ob ein lustiger Teufel in sie gefahren sei. Wir wussten nicht, wo das hinaus sollte. Ich suchte mir vorzustellen, welche Wirkung die andauernde Todesruhe in unserem Graben auf die Erregten schliesslich ausüben musste.

Die Wirkung blieb denn auch nicht aus, sie bestand offenbar in einer zornigen Enttäuschung. Nachdem der Tumult längst aufgehört, eröffneten die Russen wie auf Verabredung ein heftiges Feuer auf unsern Graben. Dabei gab es immerhin einige Verwundete, bei der Nachbarkompagnie auch einen Toten. Aber die Russen mussten sich damit abfinden, dass die italienische Kriegserklärung bei uns sehr nieder im Kurs stand. [...]

Endlich lief auch bei uns der Befehl: «Alles fertig machen!» durch den Graben. Mit Ruhe, ohne schädliche Hast oder Aufregung, werden die letzten Handgriffe ausgeführt: das Seitengewehr aufgepflanzt, der unentbehrliche Spaten griffbereit vor den Leib gesteckt. Nochmal prüft sich jeder sorgfältig; bei dem raschen Anlauf könnte die Tücke des Objekts den oder jenen zu Fall oder Schaden bringen, die Möglichkeit dazu muss ausgeschlossen werden. Ich begegne lauter blanken, ruhigen Augen; vielleicht ist da und dort einer darunter, in dem die Todesangst noch ein bisschen flackert. Umgekehrt gebärdet sich der junge Niedersachse, ein Student, die Kampflust fiebert aus ihm.

«Der Fähnrich will eine Axt!» geht's den Graben entlang. «Was will der bloss mit der Axt?» Gleichviel, das neue, feldgraue, scharfe Instrument wandert von Hand zu Hand bis zum Fähnrich.

Um acht Uhr setzt die Artillerie für einige Augenblicke aus. Wir spannen uns schon zum Sprung. Da prasselt's bloss so aus den russischen Schiessscharten, da sind noch ein paar Maschinengewehre im Gang und – hörbar – noch eine erkleckliche Anzahl Schützen, die auf uns unbegreifliche Weise den Höllensabbat unserer Artillerie überstanden haben.

Menschenleben sind kostbarer als Granaten, der Angriff wird nochmals kurz verschoben und nun ergiesst sich mit ungeheurer Geschlossenheit und Heftigkeit der Hagel aller Artilleriegeschosse über das ganze Grabensystem der Russen. Alle Register der grandiosen Orgel sind gezogen, die Luft saust, dröhnt und schüttert, der Boden wankt, schwarze Säulen von Erde und Schmutz schiessen vorn in die Höhe, Rauch, Staub und Sand und dickes Gewölk überall, der Pulver- und Gasgestank wird beängstigend stark. Wir müssen volle Deckung nehmen wegen der streuenden Splitter. Aber wir sind froh, als dieser zweite verstärkte Segen, die «letzte Ölung» der Russen, ihr Ende nimmt.

«Alles fertig.»

Jeder hat schon die Tritte an der Brustwehr abgeschätzt, die er braucht, um am raschesten aus dem Graben hoch und nach vorn zu kommen. Jeder fasst das Bajonett straffer und sammelt all seine Kraft zum Sprung.

«... te Kompagnie zum Sturm, Sprung auf, marsch marsch!»

Mit diesem Augenblick war das bewusste Einzelleben gleichsam ausgelöscht, es gab nur noch eine geschlossene, irgendwie zusammengeschweisste Einheit von Kämpfern, es gab nur noch *einen* Willen, von dem alle gleichermassen erfüllt waren und der alle gleich trug und leitete. Jeder wusste, was not tat. Schon mit den ersten Worten des Ankündigungskommandos waren die ersten über der Deckung, mit geducktem, eiligem Lauf entschwanden sie unsern Blicken im raschelnden Feld. Das Hurra auf der ganzen Linie wühlte unser Blut auf, kaum vernahmen wir bewusst das heftige Gewehr- und Maschinengewehrfeuer aus den russischen Schiessscharten. Die Kugeln pfiffen heftig uns um die Köpfe, aber wir standen immer noch gespannt und sprungbereit im Auftritt der Deckung. Ein Ruf des Zugführers, und wir waren draussen, eine Minute hinter den andern. Raschen, geduckten Laufes eilten wir vor: da lag ein Toter, mit dem Gesicht zur Erde, die ganze Schläfe blutig aufgerissen, Verwundete krochen in Deckung – vorbei! In einem Granatloch, am Ende des Roggenfeldes, kurz vor dem Drahtverhau, warf ich mich mit einigen andern nieder, um Atem zu schöpfen. Das Drahtverhau war nicht so erfolgreich beschädigt, wie wir gehofft. Die Unseren lagen davor und darin, die grossen Scheren zwackten und knackten, mit Spaten und Gewehrkolben wurde die Öffnung gewaltsam erbreitert. Der Fähnrich lag unweit vor mir, er handhabte abwechselnd Axt und Drahtschere geschickt, rasch und sicher, ohne unnötige Aufregung. Aus fast allen Schiessscharten drohten Gewehrläufe, man sah sie beim Schuss springen und das blaue Räuchlein davonwirbeln. Mit einem Sprung lagen wir auch im Drahtverhau, links waren schon einige hindurch, «hurra» brüllten sie über dem russischen Graben. Nun ging's blitzschnell überall, wie eine Woge stürzten wir hinüber und hinein.

Ich versank beim Sprung im weichen Sand, raffte mich aber sofort mit griffbereiter Waffe wieder auf. Tote und verwundete Russen lagen herum, einer kroch platt auf dem Leibe mit verzerrtem Gesicht und flehenden Händen uns entgegen, ich erinnerte mich flüchtig an ein altes, längst vergessenes Bild, auf dem die Schlange im Paradies mit einem Menschenkopf dargestellt war. Wir wateten in den Gräben vor, und schossen unsere Leuchtpatronen ab, damit unsere Artillerie Bescheid wusste, die Artillerieflaggenträger waren vorn. Alle drängten wir unaufhaltsam vorwärts, in Grabenstücken, über Brandschutt, durch tiefe Granattrichter und eingebrochene Unterstände. Die Artillerie schoss vor uns her, leider blieb es, wie schon so oft beim raschen Vorgehen, auch diesmal nicht aus, dass eine Granate noch in unsere Linie fiel, es gab zwei Tote.

Wir hatten die Reste des Dorfes [Osówiec] erreicht. Kirschbäume standen da, die roten, reifen Früchte leuchteten wie Blutstropfen. Da fanden wir erneuten, hartnäckigen Widerstand. Aus allen Gräben, aus den Kellern hatten sich die Russen in Haufen zusammengeschart, blossen Hauptes, mit offenen Blusen, überall nisteten sie sich ein, hinter den Schornsteinen, hinter Mauerresten, in Gräben, Gängen und Löchern, das Gewehr an der Wange. Dieser Widerstand erbitterte uns gewaltig, der Kampf wurde persönlich, Mensch gegen Mensch. «Vor! Vor!» und «Hurra!» schrien wir ihnen entgegen; wir schossen auf sie, deren verkniffene, angstvolle, zielende Gesichter wir scharf und deutlich sahen, stehend, kniend und liegend, sorgfältig zielend; wir sahen, wie die Getroffenen das Gewehr sinken liessen und sich mit einem Ruck lang streckten, und wir drangen mit Bajonett und Kolben auf sie ein. Eine wütende Erregung riss uns zu ihnen: da warfen sie die Gewehre weg, bäuchlings liegend bettelten sie jämmerlich und verzweifelt: «Panje! Panje! [Herr! Herr!]» Meine heftig gestaute Spannung verpuffte enttäuscht, es war, als hätte ich einen heftigen Schlag ins Leere geführt. Und dennoch war ich froh. Andere aber konnten ihre überschiessende Erregung nicht mehr zügeln; – ich wandte mich ab.

Hinter dem Dorf, in einiger Entfernung und etwas erhöht, in einem flachen Graben, hatte sich nochmals ein lichter Haufen gesammelt; als wir in geschlossener Linie dagegen anliefen, nahmen sie Reissaus. Es kamen aber wenige mit dem Leben davon.

Wir besetzten den Graben, das war das vorläufige Ziel. [...]

Nun war es also doch gekommen, das grosse Vorwärts! Wir würden nicht mehr wochen- und monatelang im selben Graben hocken und ein und dasselbe Gelände mit jeder kleinsten bekannten Falte bis zur Erstarrung vor uns haben. Keiner schaute zurück, wo unser Hügel, nun klein und andern Linien eingegliedert, die bescheidene Wohnlichkeit barg, die wir uns dort geschaffen. Endlich! Eine Wanderschaft würde es geben mit Dörfern und Städten, Feldern, Wiesen und Wäldern, offene Kämpfe im freien Feld, Widerstand und Sieg und Verfolgung. Vielleicht auch Tod und schwere Wunden, aber die gab's auch im sichersten Graben. Anstrengungen und Entbehrungen würde dieses Leben mit sich bringen: Müdigkeit, Nässe, kalte Nächte, Hunger und Durst, aber jedem Tag blieb das Seine, und es blieb abzuwarten, ob man etwa unfähig wäre, das zu ertragen. Über alldem blieb das Vorwärts unbedenklich als das bessere Teil: jetzt kriegten die Russen, was ihnen zukam, und vielleicht kriegten sie so genug, dass es mit der Gesellschaft einmal Ruhe gab. Wir würden das Unsere nach Kräften tun. Dann würde man weitersehen. Im Schützengraben gab's kein Ende abzusehen, da war man am Abend so weit wie am Morgen. Dort konnte man höchstens geduldig und tatlos den Tod erwarten. Jetzt aber trug man das Gewehr in der Faust über die polnischen Felder, man fühlte sich entfesselt und erst wirklich wehrhaft. Wer zuckte noch vor einer Kugel, vor einem Schrapnell? Im freien Feld gab's genug Platz für sie, man war ihnen nicht mehr ausgeliefert, oder man glaubte es wenigstens. Der frische Wind, der da Mitte Juli durch die polnischen Lande zu wehen begann, erfrischte auch uns, und er verwehte vielen Unrat, viel Missmut und Kleinglauben, er reinigte, und sein Name war Vorwärts!

1   Hesse, Hermann: Im Schützengraben.
    In: März, 13. November 1915. München 1915. S. 120.

Ilka Künigl-Ehrenburg

«Wenn Przemysl fällt, das ist jedem von uns der Stoss ins Herz»
Im belagerten Przemysl. Tagebuchblätter aus grosser Zeit.
Leipzig 1915.

Ilka Künigl-Ehrenburg (1881–1940) – als «Gräfin von Künigl» gehörte sie einem Tiroler Adelsgeschlecht an – machte sich Anfang September von Wien auf den Weg nach Przemyśl. Ihr Mann Emil war im August als Sanitätsoffizier in das Festungsspital von Przemyśl einberufen worden. Um ihm folgen zu können, hatte sie sich als Hilfspflegerin beim Roten Kreuz gemeldet. Przemyśl, im Osten Galiziens an einem natürlichen Karpatendurchgang gelegen, war vor dem Krieg zur drittgrössten Festung Europas ausgebaut worden und galt als ‹Juwel› der österreichisch-ungarischen Stützpunkte. Sie sollte als Basis für Vorstösse nach Osten dienen. So konnte Künigl-Ehrenburg wohl nicht ahnen, dass sie Zeugin der längsten und letztlich erfolgreichen Belagerung des Ersten Weltkriegs werden würde. Ende 1915 veröffentlichte sie – unter dem Pseudonym «von Michaelsburg» – ihre Tagebuchaufzeichnungen.

Künigl-Ehrenburg erreichte Przemyśl am 7. September 1914. Zur gleichen Zeit stiess die russische Armee unerwartet erfolgreich in Galizien vor, wodurch sich die Front Mitte September gegen die Karpaten verschob und die Stadt – bevölkert von 130 000 Soldaten und 20 000 Zivilisten – vollständig eingeschlossen wurde. Die russischen Truppen versuchten erfolglos, die Festung zu stürmen. Zehntausende Russen fielen in wenigen Tagen. Nach erneuten russischen Vorstössen Anfang November lag Przemyśl wiederum rund 100 Kilometer hinter den feindlichen Linien. Die Russen verzichteten nun auf Sturmangriffe. Die Festung sollte ausgehungert werden. Alle Versuche deutscher und österreichisch-ungarischer Kräfte, von aussen zur Festung vorzudringen (sogenannte Entsatzversuche), schlugen fehl. Ganze Einheiten erfroren in der eisigen Kälte.

Künigl-Ehrenburg beschreibt in ihrem Tagebuch ihre Tätigkeit im Festungsspital, den wachsenden Hunger der Zivilbevölkerung und der Soldaten, die Angst vor Artilleriegeschossen und Flugzeugbomben und das endlose Warten auf die Entsatzarmee. Als sich die Cholera ausbreitete, wurde ihr Mann vorübergehend in den Quarantänebaracken eingesetzt, was ihr grosse Sorgen bereitete. Als Offiziersgattin befand sie sich jedoch in einer privilegierten Stellung und litt keinen Hunger. Andere zeitgenössische Schilderungen zeichnen ein noch weit düstereres Bild der Belagerungszeit und berichten auch von Prostitution, sich ausbreitender Syphilis und Gonorrhö sowie antisemitischen Übergriffen.

Nachdem auch alle Ausbruchsversuche gescheitert waren, wurde die Festung gesprengt und am 22. März 1915 aufgegeben. Rund 110 000 Soldaten gerieten in russische Gefangenschaft, darunter auch Künigl-Ehrenburgs Mann. Der Verlust der Festung, die im Juni 1915 von deutschen Truppen zurückerobert werden konnte, war ein schwerer Schlag für die österreichische Kriegsmoral. «Wenn ich mich hinlege und die Augen schliesse, wälzt sich eine gelbe Lehmflut über mich und will mich ersticken. Mein Körper tut noch automatisch, instinktiv, dies und jenes, und mein Ich liegt irgendwo begraben», notierte Künigl-Ehrenburg erschöpft und resigniert nach der Kapitulation (S. 165). Im Mai 1915 reiste sie allein nach Wien zurück.

Przemysl, den 30. September 1914, abends.

Man hat hier gar nicht Zeit, an die Russen zu denken oder sich vor ihnen zu fürchten. Es sitzt einem zu viel anderes noch dichter an der Kehle. Die Sorge um Emil, die Absperrung und vor allem sind es die Verwundeten, die einen alles andere vergessen machen.

In den ersten Tagen war ich so aufgeregt, dass ich sie die ganze Nacht vor mir hatte. Da haben wir einen Triestiner dabei, vom Regiment meines Mannes. Man hat ihm den rechten Arm abgenommen und ausserdem hat er noch einen Schuss in der Seite. Er ist so erschreckend gelb, sein Gesicht so klein, dass man es mit der Hand bedecken könnte. Er spricht fast nie mit den anderen, starrt mit zerquälten, unruhigen

Augen zur Decke. Er spricht nur ein paar Worte deutsch und verständigt sich schwer, weil die Mehrzahl der Pflegerinnen nur Polnisch spricht. Erst sprach ich ihn deutsch an, und wie ich hörte, er sei ein Triestiner, kam ich fast unwillkürlich ins Italienische. Ich werde mein ganzes Leben glücklich sein, Italienisch gelernt zu haben, nur um dieses armen Teufels willen. Nie werde ich die hoffnungslose Gebärde vergessen, mit der er auf den leer herabhängenden Hemdärmel wies und nichts weiter sagte als «*e doppo – e doppo – ?* Und nachher – ?» [...]

Przemysl, den 4. Oktober 1914, am 17. Tag der Absperrung.

[...] Ich bewundere diese Märtyrer, wie anspruchslos, wie sanft und geduldig sie sind. Unsereins macht gross Aufhebens von einer kleinen Unpässlichkeit, und die liegen da in unsäglichen Leiden und sind von einer heldenhaften Ergebenheit. Jeder, jeder hat ein Lächeln, wenn ich zu seinem Bett komme und ihm die Hand gebe.

Da ist ein Slowene aus Untersteiermark dabei. Der liegt am schwersten darnieder. Es wird ein Wunder sein, wenn er durchkommt. Der arme Junge hat fünf Kugeln! Eine durch die Brust, vorne hinein und am Rücken heraus. Eine andere hat die rechte Schulter zerschmettert, eine dritte den linken Arm gelähmt. Er spricht sehr schlecht Deutsch. Gestern war er sehr glücklich, und wie ich zu ihm kam, sagte er mir mühsam: «Es geht mir sehr gut! Zwei von den Löchern sind wieder zu! Jetzt sind nur noch drei –!» Jeden Tag zeigt er mir seine lahme linke Hand, und dann wird er traurig, weil er fürchtet, dass sie tot bleiben wird. Jeden Tag sage ich ihm, dass sie ganz gewiss wieder beweglich werden wird, wenn er nur erst einmal wieder hergestellt ist. Gott, Gott, was sage ich alles! Dem einen fehlt ein Arm, dem anderen das Bein, der dritte liegt von fünf Kugeln aufs jammervollste zugerichtet da, der vierte hat einen Schuss im Hals und kann nicht essen, überdies einen gebrochenen Arm, dem fünften ist Nase und Mund halb weggerissen und wahnsinnig verstümmelt – so geht es weiter – und ich rede – rede – verspreche das Blaue vom Himmel herunter – und möchte aufschreien vor Herzweh! [...]

Przemysl, Weihnachten 1914, am 48. Tag der 2. Belagerung.

Das Geschützfeuer ist seit Tagen eingestellt. Von draussen hört man nichts – nichts.

Jeder geht herum und fragt den anderen, wie es draussen steht. Und keiner weiss etwas zu sagen.

Noch wenige Tage vor Weihnachten haben unsere Verwundeten auf den Entsatz und Abtransport gehofft. Es war nur ein Schrei – nach Hause – heim – heim –.

Und dann haben sie sich mit mehr oder weniger Resignation und Tapferkeit in das Unvermeidliche ergeben.

Wir schmückten zehn Christbäume, für jedes Zimmer einen. Die Bäume waren überreich behangen, lieb und hell in ihrem bunten Schmuck.

Auch für das Zimmer der Hoffnungslosen war ein Baum geschmückt. Vielleicht wäre es besser gewesen, sie nicht aus ihrem apathischen Hindämmern zu reissen. Aber es war so namenlos traurig, sie allein im Dunkel zu wissen, während in jedem anderen Zimmer die Weihnachtslichter strahlten.

So gingen wir zuerst zu ihnen. Neun Mann lagen in dem kleinen Raum. Wir stellten den Weihnachtsbaum in die Mitte des Zimmers, an das Fussende der Betten, und entzündeten leise die Lichter.

Wir wagten kein Lied. Es war totenstill in dem Zimmer, nur die Wachskerzen knisterten; und ab und zu drang von dem nächsten Bett das schwere Schlucken eines Narkotisierten herüber, dem man zwei Stunden vorher das Bein abgenommen hatte.

Sein Nachbar lag regungslos, die Decke über dem Gesicht, schon seit Tagen besinnungslos mit einer Schädeltrepanation.

Nur zwei schauten auf und begriffen.

Der eine von den beiden richtete sich mühsam ein wenig im Bett auf, streckte den Arm nach den Lichtern und sagte: «Christkind –».

In den anderen Zimmern ging es besser. Wir beschenkten die Mannschaften mit Wäsche, Zwieback und Zigaretten, sie waren gut und dankbar für jede Kleinigkeit und bemühten sich, heiter zu sein. Ein älterer Landsturmmann war dabei, der monatelang mit einem schweren Bauchschuss gelegen war und nur durch die aufopfernde Behandlung unseres Direktors dem Leben erhalten blieb. Er hatte Frau und Kinder daheim und hatte sein ganzes Herz an den Gedanken geklammert, zu Weihnachten daheim zu sein. Der schlich sich davon, stand am kalten finsteren Gang beim offenen Fenster und weinte bitterlich.

Die verwundeten Offiziere hielten sich tapfer, scherzten. Aber es zuckte um manchen Mundwinkel in verhaltenem Schmerz, wie das «Stille Nacht, heilige Nacht –» zu dem Lichterbaum aufschwebte. Manche Hand krampfte sich in die Decke. [...]

Przemysl, den 9. Februar 1915, am 94. Tag der 2. Belagerung.

Der Februar bringt uns erst die eigentliche Winterkälte. Die Morgen sind kalt und hell und haben 8–10, bis zu 12 Grad Celsius. Die Tage sind blau und sonnig.

Für unsere armen Soldaten draussen im Vorfeld harte Zeiten. Trotz der nicht ungewöhnlich grossen Kälte bringt man täglich Erfrorene in die Spitäler.

Sie essen sich seit vielen Wochen nie satt, ihr Körper hat nicht mehr die Widerstandskraft, den Einwirkungen des Frostes zu widerstehen. Selten meldet sich einer krank. Es soll vorgekommen sein, dass der diensthabende Offizier den wachstehenden Posten fragte: «Wirst du aushalten? Kannst du noch?!» – «Zu Befehl, Herr Leutnant, ich kann noch!» Eine halbe Stunde später bricht der Mann auf dem Posten zusammen. Man bringt ihn ins Spital, den nächsten Tag ist er tot. Die Fälle derer, die an Erschöpfung zugrunde gehen, nehmen erschreckend zu. An einigen Punkten stehen unsere Feldwachen nur auf 300 Schritt Distanz den Russen gegenüber. Dort kann man sie nur bei Nacht und nach 24 Stunden Dienst ablösen.

Dazu kommt die übermenschliche Nervenkonzentration, die Anspannung bis zum Äussersten, durch so viele Monate; das verbrennt den Menschen wie ein Licht, das an beiden Enden angesteckt ist.

Seit einigen Tagen gibt das Verpflegsmagazin wieder etwas mehr aus. Um die Ernährung der Mannschaft wieder besser zu gestalten, fassen sie in den nächsten 10 Tagen nur zweimal Pferdefleisch, an den übrigen Tagen Gefrierfleisch und Rindfleischkonserven.

Will man damit einer allgemeinen Erschöpfung der Mannschaft vorbeugen, oder ist dies tatsächlich, wie allgemein behauptet wird, auch ein Zeichen unserer zunehmend günstigeren äusseren Lage?

Jedenfalls erwacht damit wieder in jedem einzelnen die Spannkraft und der Glaube an den baldigen Entsatz. [...]

Przemysl, den 17. März 1915, am 130. Tag der 2. Belagerung.

[...] Die unheilvollsten Gerüchte gehen wie Körper gewordene Nachtgespenster bei hellichtem Tage um.

Man flüstert sich zu, dass unsere Entsatzarmee zurückgegangen sei – spricht von einem letzten Todesmarsch der Honved [königlich ungarische Landwehr], die sich kämpfend zur Entsatzarmee durchschlagen sollen – sagt, dass die Festung in wenigen Tagen fallen kann. Was diesen Unglücksgerüchten noch mehr Nahrung gibt, ist, dass man heute unseren verwundeten Offizieren die Waffen abverlangt.

Tatsächlich werden überall Sanitätsabteilungen ausgerüstet, und es marschieren grössere Truppenformationen durch die Stadt.

Auf allen Gesichtern liegt tiefster Ernst. Und auch die, die sich, wie wir, mit aller Macht gegen die Nacht stemmen, die uns von allen Seiten umlauert, um auf uns hereinzubrechen, auch diese fühlen die Wucht einer nahen Entscheidungsstunde.

Ave Caesar, Imperator, morituri te salutant!

Die Honved sind heruntergekommen durch Entbehrungen und Überanstrengung – am Ende.

Es wird ein letzter furchtbarer Verzweiflungskampf um Sein oder Nichtsein!

Gott, Gott, Du kannst uns nicht verwerfen!

Wenn Przemysl fällt, das ist jedem von uns der Stoss ins Herz.

Przemysl, den 18. März 1915, am 131. Tag der 2. Belagerung.

Der Schlussakt ist gekommen. Noch wissen wir nicht, welches sein Ende sein wird.

Das Brotmehl ist ausgegangen. Die letzten Pferde gegessen. Die Mannschaft kann nur mehr auf Tage hinaus verpflegt werden. Nichts ist dem Mann notwendiger als Brot. Und das Viertel Brot, das der Mann seit Wochen täglich fasst, hält nicht den Hunger ab.

Nun hat die Besatzung die Bereitschaftsstellungen am Fortgürtel bezogen. Dort wartet man auf einen günstigen Augenblick zu einem gewaltsamen Durchbruch nach zwei Seiten mit den gesammelten letzten Kräften.

Die Gesichter der Offiziere, die von draussen hereinkommen, sind düster. Die Leute stehen kaum mehr auf den Füssen vor Mattigkeit. Es ist stumme Verzweiflung in ihnen. «Durch! Durch!» sagen ihnen die Offiziere, «nach Hause – nach Hause –!» Und sie ballen die Fäuste und beissen die Zähne zusammen.

Sie werden sich schlagen wie die Rasenden – ein furchtbarer letzter Todeskampf.

In der Festung ist fieberhafte Tätigkeit.

Man ist auf alles gefasst. Alles wird vorbereitet. Das Papiergeld und die Dienstbücher werden gesammelt, um im letzten Augenblick verbrannt zu werden. Den Offizieren und Gagisten [Berufssoldaten] wird der Gehalt für April gezahlt, um keine zu grosse Menge von Bargeld angehäuft zu haben.

In den Werken wird Sprengstoff vorbereitet, um vor der Übergabe Geschütze und Forts zu sprengen.

Die Flieger und Ballonführer packen in Hast und halten sich zum Abfliegen bereit. Mit ihnen geht das Letzte, das uns mit unseren Lieben verband. [...]

Przemysl, den 20. März 1915, am 133. Tag der 2. Belagerung.

Die Honved sind zurückgeworfen worden – furchtbar dezimiert. Eine Unzahl Tote und Verwundete, ein Teil vermisst, ein anderer gefangengenommen. Uns brachten sie einen Honved-Fähnrich ins Spital, einer der schneidigsten jungen Offiziere des Regimentes. Er war allein von 7 Russen umringt. Sechs schoss er mit dem Revolver nieder, der siebente rannte ihm sein Bajonett in die Lunge.

So kämpfen wir hier – einer gegen sieben.

In den Strassen schleppen sich die zurückgekommenen Mannschaften herum. Sie sehen wie Gespenster aus und man meint, dass sie bei jedem Schritt zusammenbrechen. Sie bitten um Brot und man hat keines, um es ihnen geben zu können.

Es ist des Grauens kein Ende.

Vor den Spitälern, in denen seit Tagen kein einziges Bett mehr frei ist, obwohl man in der letzten Zeit eine grosse Zahl Privathäuser in Spitäler umgewandelt hat, liegen die ankommenden Verwundeten, die halbgeheilten, die Rekonvaleszenten, für die kein Platz mehr ist, stundenlang auf der Strasse, bevor irgendein Winkel für sie frei wird. Die ganze Festung ist ein einziges Spital.

Am San arbeitet man fieberhaft, schüttet Benzin und Petroleum hinein, versenkt Waffen und Munition und bereitet alles zur Sprengung der Brücken vor.

Auch in den Werken sind die Minen überall bereit. […]

Przemysl, den 22. März 1915.

[…] Abends um 9 Uhr beginnen unsere Werke mit dem Ausschiessen der Munition. Ein Rollen um die ganze Festung, wie wir es nie zuvor gehört. Lage folgt auf Lage, alle Forts erheben gleichzeitig ihre furchtbare Stimme, alle Werke, alle Zwischenwerke. Es ist ein unausgesetztes, wellenförmiges Rollen in der Luft. Die Fenster klirren, die eisernen Balkengitter schütteln sich knirschend und schwingen unausgesetzt. Dazwischen Donnerschlag auf Donnerschlag, das Brüllen der schweren Mörser, die knatternden Salven der Schnellfeuerkanonen.

Alle Urlaute der Hölle sind los. Man könnte sich auf einem feuerspeienden Berg mitten im Lavaregen glauben.

Wir haben begriffen.

Die Stunde ist gekommen.

Jeder Donnerschlag trifft uns mitten ins Herz. Die Hände krampfen sich zur Faust.

Jeder Donnerschlag ein Aufschrei der Toten, die umsonst geblutet, der Hungernden, die umsonst gehungert.

Jeder Donnerschlag ein Aufschrei der hunderttausend gemarterten Seelen, die ihr Herzblut für dieses Werk gegeben.

So geht es die ganze Nacht.

Von Zeit zu Zeit fliegt ein einzelnes gehetztes Automobil durch die Strassen. Ein Aeroplan rattert so dicht an unserem Fenster, dass man ihn im Zimmer meint. Der letzte Aeroplan, der heimwärts flieht.

Ab und zu schlummern wir vor Ermüdung ein. Ein Halbschlaf mit einem furchtbaren Alp auf der Brust, von dem man sich immer befreien will. Ein Halbschlaf voll unerklärlicher, grauenhafter Töne, wie ein wahnwitziges, grelles Auflachen der Hölle.

Um halb vier Uhr früh eilt Polizei durch die Strassen, dringt in die Häuser.

«Auf! Auf! Alles aus den Häusern! Alle Fenster öffnen! Man sprengt die Werke! Man sprengt die Brücken!»

Keine Zeit zum Waschen, keine Zeit zum Kämmen. Man springt in die Kleider und schliesst sich dem unabsehbaren schwarzen Zug von Menschen an, der von dem Militär, das alle Strassen besetzt hält, in die Slovackigasse dirigiert wird. [...]

Die Mannschaften treten an. Sie sind nur mehr Haut und Knochen, die zu weit gewordenen, abgenützten Uniformen schlottern an ihnen. Die Gesichter erdfarben, der Blick erloschen. Sie erhalten sich kaum mehr auf den Beinen. Ein Mannschaftskoch geht vorbei, auf der Schulter trägt er einen rohen Pferdeschlegel. Man hat die letzten Pferde, die Pferde der Adjutanten, geschlachtet. Die Leute sollen sich noch einmal satt essen. Es treibt einem die Tränen in die Augen, dieses Aufflackern in diesen armen, entzündeten Augen zu sehen, wie der Koch mit dem roten Pferdeschinken an ihnen vorbeikommt. Sie fühlen nichts anderes mehr, denken nichts anderes mehr, eine einzige Zwangsvorstellung hat von ihnen Besitz ergriffen – essen – essen. Sie haben sich bis zur allerletzten Kraft – bis zum Alleräussersten aufrecht erhalten. Sie können nicht mehr.

Schweigend harren die Tausende. Keiner klagt. Keiner spricht. Im kalten Morgenlicht scheinen diese tränenlosen, harten, weissen Gesichter wie aus Stein gehauen.

Um vier Uhr früh lodert die erste Mine auf. Und dann flammt es auf um die ganze Festung. Donnerschlag folgt auf Donnerschlag, Explosion auf Explosion. Die Gewalt des Luftdruckes fasst die Menschen, schüttelt sie, wie der Schlag einer hochgespannten elektrischen Batterie. [...]

Ein Fort gibt dem anderen die Hand. Mine folgt auf Mine. Züngelnde Blitze, von furchtbarem Getöse begleitet, schwere, schwarze und weisse Rauchschwaden, von den ersten Strahlen der aufgehenden Sonne rosig beleuchtet.

Und während draussen im Kreis um die Festung der Flammenring der lodernden Forts rotglühend zum Himmel schlägt, steigen in den Strassen der Stadt die Flammensäulen auf. Die drei Sanbrücken fliegen in die Luft, die Innenwerke, die Dynamit- und die Pulvermagazine. Zwischenhinein knattern unablässig die Gewehrpatronenmagazine, wie sie langsam, Stockwerk für Stockwerk, durchbrennen. [...]

Was sehen meine Augen so rot –? Siehst du das Blut, das Blut der Hunderttausend, das hier geflossen und das heute zu Flammen wird –?

Ich denke in dieser Stunde nicht an dich – nicht an mich, nicht an die eigene Gefahr – nicht daran, was die nächste Stunde uns bringen wird –?

Wir sind beide nur erfüllt von dem einen einzigen, furchtbaren: «Umsonst –!» – [...]

Lemberg, im Mai 1915.

Gestern früh um 9 Uhr sollten wir von Prezmysl abreisen. Man hatte entgegenkommenderweise diesem Zug einige Wagen zweiter Klasse angehängt, und so reisten wir für Kriegszeiten überraschend gut. [...]

Endlich um 11 Uhr setzt sich der Zug in Bewegung. Schwester Mania und ich atmen tief auf. In dieser Vorwärtsbewegung liegt eine namenlose Erleichterung. Nur vorwärts – vorwärts – fort – fort –! Man möchte die Arme breiten, irgendwo den Alpdruck von der Brust wälzen wie einen furchtbaren Fiebertraum! Du törichtes Herz, du! Was nützt dir zu fliehen? Solange du dein Liebstes nicht geborgen weisst, entgehst du dir nicht!

Wir sind noch nicht weit ausserhalb der Stadt, als plötzlich aus einem offenen Frachtwagen neben uns ein russischer Soldat herunterstürzt und vor unseren Augen den Bahndamm hinabkollert. Ich sehe ihn hinabkollern und zucke auch nicht mit der Wimper. Der Zug fährt weiter, als wäre nichts geschehen, und mein Herz liegt schwer und kalt in der Brust wie ein Stein. Ich muss mich erst besinnen, dass ein Unglück geschehen ist. Und dann wandern meine Gedanken in eine Zeit zurück, wo ich keinen Käfer und keinen Vogel sterben sehen konnte. Wie lange mag das her sein –? Ein Jahr –? Ein einziges Jahr? Mir graut, bin das noch ich –?

Marcel Ernest Béchu

«Manchmal kann man auch vergessen, dass man hier ist, um zu töten»
En campagne (1914–1915). Impressions d'un officier de légère.
Paris 1915.

Mit «En campagne» schuf der Kavallerieleutnant Marcel Ernest Béchu – er veröffentlichte unter dem Pseudonym Marcel Dupont – wohl das erfolgreichste französische Kriegsbuch des ersten Kampfjahres. Einzelne Kapitel erschienen ab Dezember 1914 in der katholischen Zeitschrift «Le Correspondant» und erregten grosses Aufsehen, denn es waren die ersten in Frankreich zu lesenden Berichte eines kämpfenden Augenzeugen von der Front. Das Buch erschien im Sommer 1915 und erreichte in kurzer Zeit sechzig Auflagen. Sein Erfolg zeugt vom Bedürfnis der Daheimgebliebenen nach unverfälschten Informationen zum Leben der Kämpfenden. Im Vorwort verspricht Béchu dem Leser (S.I): «Ich will nur über das sprechen, was ich auf dem kleinen Stückchen Schlachtfeld, auf dem sich mein Regiment befand, mit eigenen Augen gesehen habe.»

Béchu (1879–1964) war Berufsoffizier und gehörte während des Kriegs als «Chasseur» der leichten Kavallerie an. Nachdem er während des ersten Kriegsmonats in Rouen die Reserve zu betreuen hatte, erreichte Béchu Ende August in Guise nahe Saint-Quentin sein Regiment, voller Freude nun zu seiner «famille militaire» (S. 46) zu stossen und sich seinen Lebenstraum vom Ernstkampf zu erfüllen. Zunächst erlebte der Kavallerist jedoch Tage voller Enttäuschungen. Der französische Rückzug und die Machtlosigkeit der berittenen Truppen gegenüber den modernen Kriegsmitteln erbitterten ihn. Béchu hatte sich Schlachten in wildem Galopp und mit erhobenem Säbel erhofft (S.86f.): «Vorbei die schönen Zeiten der schnellen Angriffe nach Husarenart, so wie auch die Federbüsche, die fliegenden Mäntel, das ungarische Zaumzeug, die Säbeltaschen vorbei sind. Es wäre absurd, Kavallerist zu bleiben, um gegen Leute zu kämpfen, die keine sind und keine sein wollen.»

Dann wendete sich das Schlachtenglück, und Béchu erlebte in den ersten Septemberwochen als Teil eines Erkundungstrupps das Ende der Rückzugsbewegung und den Beginn der Schlacht an der Marne an vorderster Front. Nachdem sich die Deutschen nördlich von Reims eingegraben hatten, ging der Kavallerie die Arbeit aus. Das Regiment wurde im Oktober 1914 nach Flandern transportiert und als Infanterie bei Bixschoote eingesetzt, wo es schwere Grabenkämpfe zu bestehen hatte. Im Dezember wurden die «Chasseurs» in die Schützengräben bei Reims abkommandiert. Hier kam es zu einem kurzen Weihnachtsfrieden, den Béchu im letzten, unten abgedruckten Kapitel seines Buches beschreibt.

Béchu blieb trotz einer Verwundung 1918 bis zum Kriegsende im aktiven Dienst. Er erlebte insbesondere die schweren Kämpfe um Verdun, die er in einem zweiten Buch («L'attente») verarbeitete.

Ich muss das Kommando über einen Trupp aus hundert Kavalleristen des Regiments übernehmen. Sie sollen in den Schützengräben die hundert Kavalleristen ablösen, die vor ihnen dort waren. Fast einen Monat ist es jetzt her, dass wir zu unserem in der Nähe von R. [Reims] liegenden Armeekorps gestossen sind, und alle zwei Tage stellt das Regiment einen Trupp gleicher Stärke ab, der einen bestimmten Grabenabschnitt besetzen muss. Heute, am 24. Dezember, verlangt der Dienst, dass ich meinen guten Kameraden und Freund, Leutnant de La G., ablöse, der seit dem 22. den Posten hält. [...]

Wir sind an dem vereinbarten Punkt angekommen, an dem wir unsere Pferde zurücklassen müssen. Rasch schnallen die Männer die Decken, die ihnen helfen werden, die harten Stunden der kommenden Nacht durchzustehen, von ihren Sätteln ab. Sie hängen sie sich um den Hals, und wir machen uns auf den Weg zum Treidelpfad am Kanal. Wir gehen sehr langsam, da wir mindestens sieben oder acht Kilometer vor uns haben, und für Kavalleristen, die so beladen und angezogen sind wie wir, sind acht Kilometer zu Fuss keine Kleinigkeit.

Da ist der Treidelpfad. Ein Spaziergang zu nächtlicher Stunde bietet wahrlich keine besonderen Reize. Diesem Anblick aber mangelt es nicht an einer gewissen Erhabenheit. An beiden Ufern zeichnen sich die Silhouetten hoher Baumreihen ab. Die Schatten der Bäume spiegeln sich im Kanal, dessen Wasser im Mondlicht metallisch glitzert. Welch eine Ruhe und Stille! Wer möchte glauben, dass wir im Krieg sind? Kein Kanonenschlag, kein Gewehrschuss stört den nächtlichen Frieden. Dabei dauert es normalerweise nie lange, bis ein Knall uns an den Ernst der Stunde erinnert.

Heute scheint es, als sei eine Parole ausgegeben worden, die beide Seiten auffordert, das Töten einzustellen oder keinen Versuch des Tötens zu unternehmen. Das hat etwas Ergreifendes und zugleich Beunruhigendes, denn vor einem Gegner, der alle möglichen Tricks und Tücken auf Lager hat, muss man sich stets in Acht nehmen. Allzu fröhlich sollten wir nicht Weihnachten feiern. Übrigens glaube ich, wir sind nicht die einzigen, die um diese Stunde wach sind. [...]

Und plötzlich zeigt uns der Feind, dass auch er wach ist. Vor uns, weit weg, etwa bei C., saust eine Rakete in die Luft, steigt auf in den klaren Himmel und sinkt wieder herab, langsam, sehr langsam, als grell leuchtende Kugel, die die gesamte Ebene wunderschön erstrahlen lässt. Wir kennen sie gut, diese gefährlichen deutschen Raketen, die aussehen, als wollten sie nie verlöschen, die ein fahles und zugleich blendendes Licht verbreiten. Wir wissen, sobald sie aufleuchten, muss sich jeder, der sich in Reichweite feindlicher Gewehre befindet, unverzüglich flach auf den Boden legen und darf sich nicht mehr rühren, nicht mehr den Kopf heben, solange das Licht nicht erloschen ist. Sonst krachen überall Schüsse, mähen das Gras nieder, lassen die Erde um einen herum aufspritzen. Diesmal sind wir noch ausser Reichweite und betrachten, ohne stehen zu bleiben, den strahlenden Stern, auf den wir zugehen.

«Der Stern der Hirten», sagt G. ernst.

Wahrlich komische Hirten, die statt Hirtenstäben Karabiner tragen und mit genügend Patronen versorgt sind, um hundertzwanzig ihrer Artgenossen in den Tod zu schicken. Einen Moment lang scheint der Stern wenige Meter über dem Boden zu verharren, dann sinkt er ganz sanft, ganz sanft, als sei er müde von seinem anstrengenden Flug, lässt sich zu Boden fallen und erlischt. Die Nacht wirkt nicht mehr ganz so klar und durchscheinend. [...]

Vom Verbindungsoffizier geführt, gehen wir ein kurzes Stück über die Landstrasse, die sich unter den Granaten in eine wahre Abfolge von Schluchten, Gipfeln, Spalten und Hügeln verwandelt hat. Wir müssen über dicke, von Granaten abgerissene Äste springen. In einer mondlosen Nacht ist dieser Weg gewiss kein Vergnügen. Die heutige ist glücklicherweise aussergewöhnlich hell. Wir erkennen alles ringsum. Sogar den «allein stehenden Baum» fünfzehnhundert Meter rechts von uns erahnen wir, den berühmten Baum, der allein in der weiten, kahlen Ebene steht und die Mitte unseres Grabenabschnitts markiert. Ich weiss, dass dort der Unterstand für die Offiziere unseres Regiments eingerichtet wurde. Gross ist die Versuchung, über den Strassengraben zu springen und querfeldein auf das Ziel unseres Marsches zuzugehen! Es wäre eine Sache von zwanzig Minuten und würde uns den langen, beschwerlichen Weg durch den Verbindungsgraben ersparen ... Aber die Befehle sind strikt: Selbst bei grösster Dunkelheit und erst recht in einer sternenklaren Nacht wie dieser ist es verboten, Abkürzungen zu nehmen. Gut, dass unsere Vorgesetzten an unserer Stelle vernünftig sind, denn eins ist klar: Obwohl sich alle der Gefahr einer solchen Expedition bewusst wären, würde nicht einer meiner hundert Jungs zögern, querfeldein zu laufen, nur um sich ein paar hundert Meter Weges zu ersparen.

Wir erreichen den Eingang des Verbindungsgrabens: vier oder fünf in den weissen Mergel geschnittene Riesenstufen. Sie sind vereist und glatt, so dass man sich am Rand der Böschung festhalten muss, um nicht abzurutschen. Hinter mir höre ich einige geräuschvolle Rutschpartien, vom Klappern herunterpurzelnder Essgeschirre begleitet, dazu Gelächter und Spötteleien. Die Fröhlichkeit kommt stets zu ihrem Recht, und ich weiss, dass meine Jäger rasch wieder aufstehen und zu uns aufholen werden. Das ist das Wichtigste, denn im Verbindungsgraben gibt es Verzweigungen und unvermutete Kreuzungen, die Nachzügler in die Irre führen könnten, so dass sich ein Teil meiner Leute in andere Gräben verirren würde.

Langsam geht es voran. Der Verbindungsgraben verläuft senkrecht zu den feindlichen Schützengräben. Damit Kugeln und Granaten nicht längs hindurchfliegen können, musste er in Zickzackform angelegt werden. Und ich kenne kaum eine mühsamere Art der Fortbewegung, als zehn Schritte nach rechts zu gehen, scharf abzubiegen und wieder zehn Schritte nach links zu gehen und so weiter, um eine Entfernung von nur fünfzehnhundert Metern Luftlinie zurückzulegen. Der Gang ist so eng, dass unsere Arme an beiden Seiten die Wände streifen. Das Mondlicht dringt nicht bis zur Grabensohle, sodass wir ständig über Unebenheiten und in Löcher stolpern, die bei den vorangegangenen Überschwemmungen entstanden und nun vom Frost ausgehärtet sind. Manchmal schlittern wir über das Eis, das die Lachen ersetzt, durch die die Kameraden zwei Tage zuvor gewatet sind. Und ein bisschen tröstet uns das über die unerbittliche Kälte hinweg, die dem grauenhaften Regen hundertmal vorzuziehen ist.

Endlich erreichen wir unsere Schützengräben. Unsere Vorgänger erwarten uns schon ungeduldig. Zwei Tage und zwei Nächte ohne Schlaf, ohne sich zu waschen, ohne etwas anderes vor sich zu sehen als die Erdwände, die einem die Sicht versperren, das ist eine lange Zeit. Jeder hat es eilig, den beschwerlichen Weg, den er zwei Tage zuvor zurückgelegt hat, wieder in umgekehrter Richtung zu nehmen und sein Pferd, sein Quartier, seine Kameraden, letztlich sein Zuhause wiederzufinden. Und so sind alle startbereit: Die Decken sind aufgerollt und liegen über den Schultern, die Brotbeutel sitzen an ihrem Platz unter den Mänteln. [...]

Sie sind glücklich, nach getaner Arbeit zu ihren Einheiten zurückzukehren. Im Vorbeigehen necken sie die Kameraden, die bleiben müssen. Die geben trocken Antwort. Dann wird es nach und nach still. Jeder ist auf seinem Posten, die einen halten Wache, die anderen vertreten sich hinten im Graben stampfend die Füsse oder fangen an, die Unterstände, die ihre Vorgänger ihnen in schlechtem Zustand hinterlassen haben, zu reparieren oder auszubauen.

G. hat den Wachposten übernommen, auf dem die stellvertretenden Offiziere der Einheiten, die diesen Abschnitt verteidigen, alle drei Stunden einander ablösen. Jetzt bin ich allein, allein inmitten meiner braven Jäger, allein mit der Bewachung dieser fünfhundert Meter Schützengraben, die in diesem Moment nur ein winziges Stück der endlosen französischen Frontlinie bilden. Hinter uns schlafen Tausende Kameraden, auf den dünnen Schutzwall vertrauend, den wir ihnen bieten. Und noch weiter hinten ruhen Millionen von Franzosen und Französinnen unter dem Dach der Familie oder ihrer Gastgeber, geschützt durch unsere schlaflosen Nächte, unsere vor Kälte steifen Gliedmassen, unsere Karabiner, die aus den Schiessscharten unserer Schützengräben ragen.

So werden wir auf unsere Art die frohe Weihnacht feiern. Gewiss wird dort, wo die Menschen heute Abend beisammensitzen, mehr als einer an uns denken und uns bedauern … Gewiss werden heute Abend viele von uns beim Gedanken an die Heimat traurig sein. Aber keiner, da bin ich mir sicher, wird seinen Posten verlassen wollen, um sich von der Front zu entfernen. Militärische Ehre und das ruhmreiche Erbe der Vorfahren – wer hätte gedacht, dass beides sich so selbstverständlich, so leicht in den jungen Seelen unserer Soldaten verwurzeln würde? Schon schlagen in ihren jugendlichen Körpern die gleichen Herzen wie die der unsterblichen «grognards» [Soldaten der Napoleonischen Garde] unserer Heldengeschichte. Der Krieg formt die Männer.

10 Uhr abends. – Der Tag ist vollkommen ruhig verlaufen. Ein herrlicher Wintertag: strahlender Sonnenschein, klare, reine Luft. Die Deutschen haben fast nicht geschossen. Höchstens ein paar Kanonenschläge als Antwort auf unsere Artillerie, die von den Anhöhen hinter uns ab und zu aus ihren grossen Geschützen eine Salve auf die deutschen Stellungen abgegeben hat.

Und jetzt ist die Nacht hereingebrochen. […]

Die Stunde der Einsamkeit und der Stille ist da, die Stunde der Besinnung, bisweilen auch der Traurigkeit. Heute Abend durchziehen düstere Gedanken meinen verrauchten Unterstand, schwirren wild durch meinen Kopf, beherrschen meinen Geist so sehr, dass es mir nicht gelingt, sie zu verscheuchen. Jetzt ist einer dieser Augenblicke – oh, sie sind nur flüchtig –, in denen man sich schwach werden fühlt und wider Willen eine Art bittere Lust verspürt, sich der Niedergeschlagenheit hinzugeben. Ich muss daran denken, dass ich nun schon seit Monaten keinen meiner Lieben wiedergesehen habe, und stelle mir vor, wie sie zu dieser Stunde, an diesem Heiligabend, am anderen Ende Frankreichs beisammensitzen. Und die teuren Freunde, die ich in Paris, in Rouen verlassen habe, wo sind sie jetzt? Was tun sie? Denken sie an mich? Wie gern würde ich die wunderbare Macht mancher Helden aus den Geschichten von *Tausend und einer Nacht* besitzen, mit deren Hilfe ich genau in dieser Minute von hier aus den lieben Menschen daheim zuschauen könnte. Sie sitzen zusammen am Feuer und sprechen vielleicht von mir ...

Ich muss daran denken, was für eine wunderbare Sache dieser Krieg für uns war, als wir noch als Kavalleristen kämpften, über die Ebenen ritten, die Wälder erkundeten, vor unseren Infanteristen hergaloppierten und ihnen die nötigen Informationen brachten, die ihre Schüsse lenkten oder sie vor denen der Feinde schützten, als wir hinter den preussischen Kavalleristen herjagten, die verzweifelt vor uns flohen. Aber dieser Grabenkrieg! Dieser Krieg, wo man tagein tagaus in derselben Stellung hockt, wo man nur meterweise Terrain gewinnt, wo List gegen List kämpft, wo jeder sich an das Stückchen eroberte Erde klammert, sie aufbuddelt, sich in sie eingräbt und eher dort stirbt, als sie aufzugeben! Welch ein Krieg für Kavalleristen! Wir widmen uns ihm mit ganzem Herzen und wurden auch überall von den Vorgesetzten, unter deren Befehl wir standen, nur gelobt. Doch mitunter fühlen wir uns sehr matt, und wenn Tatenlosigkeit und Einsamkeit kommen, beginnt unsere Phantasie zu arbeiten. In Gedanken jagen wir wieder in herrlichen Galoppaden mit unserem Regiment übers Land, hören das Säbelrasseln und das Klappern der Kinnketten, sehen das Aufblitzen der Klingen, die bunte Reihe der Pferde, erinnern uns an die vertrauten Silhouetten unserer Vorgesetzten auf ihren Kampfpferden. Heute ist mein Geist unruhiger denn je, die Gedanken reissen aus und springen in alle Richtungen, hängen sich abermals an die unvergesslichen Etappen dieses Krieges,

Charleroi, Guise, die Marne, die Verteidigung der Brücke von Jaulgonne, Montmirail, Reims ... Belgien, Bixschoote, und kehren zurück in diesen beinahe finsteren Unterstand, in dem die Kerzenflamme weiter ihre Furcht einflössenden Schatten gegen die Wände wirft.

Plötzlich zieht es kalt durch mein dunkles Loch. Jemand hat die Tür aufgestossen. An der obersten Stufe beugt sich ein Mann zum Laufgraben herunter und ruft mit gedämpfter Stimme:

«Herr Leutnant, kommen Sie mal ... Hier ist was los ...»

Ich springe auf, verlasse meinen Unterschlupf und steige die kleine Treppe aus Erde hoch.

«Hören Sie, Herr Leutnant.»

In dieser Nacht, heisst es, werde ich viel zu staunen haben, und was ich nun erlebe, übersteigt noch meine Erwartungen. Wie gern wäre ich fähig, dieses aussergewöhnliche Erlebnis zu vermitteln, aber man muss hier gewesen sein, in dieser Nacht, um es nachempfinden zu können. Auf der weiten, stillen Ebene, wo jetzt alles zu schlafen scheint, wo kein anderes Geräusch zu vernehmen ist, ertönt in der Ferne eine Stimme, deren Klang trotz der Distanz bis zu uns herüberweht. Welch ein unvergleichlicher Augenblick! Dieser Gesang, der sich in der Endlosigkeit der Nacht ausbreitet, lässt unser Herz höher schlagen und ergreift uns mehr, als es das bestarrangierte und von den berühmtesten Musikern gegebene Konzert vermöchte.

Und wieder dringt ein unbekanntes Lied von weit entfernten deutschen Schützengräben zu unserer Linken bis zu uns. Der Sänger muss sich irgendwo am Rand der Linie auf dem Feld befinden. Er scheint zu gehen und sich auf uns zuzubewegen, langsam die feindlichen Stellungen entlangzuwandern, denn unmerklich nähert sich seine Stimme und klingt allmählich immer voller. Zuweilen hält sie inne, dann antworten ihr Hunderte anderer Stimmen im Chor mit einigen Zeilen, einer Art zu dem Lied gehörigen Refrain. Anschliessend singt wieder der Solist, sich dabei weiter auf uns zubewegend. Woher mag er kommen? Wohl von weit her, denn schon seit geraumer Zeit haben ihn unsere Jäger gehört, bevor sie sich entschlossen, mich herauszurufen. Wer mag dieser Mann sein, der die Aufgabe zu haben scheint, die Front der Soldaten betend entlangzulaufen, und den die deutschen Kompanien alle zu erwarten scheinen, um gemeinsam mit ihm zu beten? Vermutlich ein Pfarrer, der die Kämpfer an die Heiligkeit dieser Nacht und den Ernst der Stunde erinnert.

Jetzt schallt die Stimme von den uns unmittelbar gegenüberliegenden Schützengräben herüber. Obwohl die Nacht mondhell ist, können wir den Sänger nicht erkennen, da hier mindestens vierhundert Meter die beiden Linien trennen. Aber er scheint sich nicht zu verstecken, denn seine tiefe Stimme klänge niemals so vibrierend, so scharf, wenn er unten in den deutschen Gräben sänge. Erneut verstummt er. Und da nehmen unsere nächsten Gegner, die Männer, die in den Gräben genau vor uns liegen, diese Männer, die wir niedermetzeln sollen, sobald sie auftauchen, und die ihrerseits den Befehl haben, uns zu erschiessen, sobald wir uns zeigen, seelenruhig den Refrain des Liedes mit den geheimnisvollen, sanften Worten auf. Auch sie müssen zum Rand des Grabens hochgeklettert sein und unserem Graben gegenüber ihren Gesang angestimmt haben, denn wir hören sie klar und deutlich.

Ich schaue mich auf unserer Seite um. Auch hier sind alle Männer wach, alle sind aufgestanden und auf die Erdstufen gestiegen. Mehrere sind sogar aus dem Graben geklettert und lauschen vom Feld aus dem unerwarteten Konzert. Keiner ärgert sich darüber, und keiner macht spöttische Bemerkungen. Ich erkenne eher einen Ausdruck schmerzlicher Sehnsucht in der Haltung und den Gesichtern derer, die in meiner Nähe stehen. Dabei wäre es so leicht, diesem Schauspiel ein Ende zu bereiten: Eine einfache Salve, abgefeuert von dem Trupp, der sich hier befindet, und alles würde schweigen, würde zurücksinken in die Stille anderer Nächte. Doch das kommt keinem in den Sinn. Nicht einer unter unseren Jägern würde es nicht als Sakrileg empfinden, auf diese betenden Soldaten zu schiessen. Wir spüren genau, dass es Momente gibt, in denen man vergessen kann, dass man hier ist, um zu töten. Das hindert einen nicht daran, im nächsten Augenblick seine Pflicht zu erfüllen.

Die Stimme entfernt sich; langsam, man könnte fast sagen, majestätisch, kehrt sie zu den Gräben in der Nähe des sogenannten «Cavaliers de C.» zurück, wo unsere Linien so nah beieinander liegen, dass nur noch etwa fünfzig Meter sie trennen. Wie viel ergreifender muss dieses Schauspiel da drüben sein! Ich wünschte, mein Posten läge dort. Wie gern würde ich die Szene betrachten, die Worte hören, die Silhouette des Pfarrers erkennen, der an der Brustwehr entlangläuft, die dazu da ist, den Tod zu verteilen, und der jene segnet, die vielleicht schon morgen nicht mehr sind.

Peng! Ein Schuss ist gefallen ...

Oh, diese blöde Kugel, die die Luft zerschnitten und vielleicht ihr Ziel erreicht hat! Augenblicklich ist alles ringsum still. Kein Schrei, kein Fluch, keine Klage. Irgendwo hat jemand geglaubt, er tue ein nützliches Werk, indem er auf diesen Mann schiesst. Wie schade! Wir werden nichts davon haben, wenn wir sie daran hindern, Weihnachten auf ihre Weise zu feiern, und es wäre edelmütiger gewesen, diesen Schuss für andere Gemetzel aufzusparen. Ich weiss natürlich, dass die Barbaren an unserer Stelle womöglich nicht gezögert hätten und dass genug Priester aus unseren Reihen unter ihren Schüssen gefallen sind, sie uns also deshalb nichts vorzuwerfen hätten. Manch einer wird sagen, unser Hass müsse sich ohne Unterschied gegen alles richten, was deutsch ist, wir müssten uns auf alles stürzen, was diesen Namen trägt, dürften nichts übrig lassen von dieser abscheulichen Rasse, die heute Anlass ist für so viele Tränen, so viel Blut, so viel Trauer. Doch das ist egal! ... Diesmal, glaube ich, wäre es besser gewesen, nicht zu schiessen ...

Aus dem Französischen von Maria Hoffmann-Dartevelle

Arthur Clutton-Brock

«Soldaten waren nicht länger Soldaten, sondern Menschen»
Thoughts on the war/More thoughts on the war. London 1915.

Grossbritannien kannte bei Kriegsausbruch keine allgemeine Wehrpflicht. Von der Kriegsbereitschaft der Bevölkerung hing der Erfolg der Rekrutierungen ab. Wer öffentlich besonnenere Töne anschlug, dem wurde schnell vorgeworfen, die Kriegswilligen zu demoralisieren. So erging es auch dem Essayisten Arthur Clutton-Brock (1868–1924). Als «entmutigend» und «rührselig» seien seine Artikel bezeichnet worden, insbesondere der untenstehende Text «Illusions of War», berichtete der Autor im Vorwort seiner Essaysammlung «Thoughts on the war». Clutton-Brock wehrte sich: «Die christliche Lehre verlangt von uns, dass wir unsere Feinde lieben. Ich will nicht behaupten, dies sei mir gelungen. Und doch wollen dieser Artikel sowie Passagen aus anderen Artikeln eine Denkweise befördern, die das christliche Gebot nicht als reine Narretei erscheinen lässt. Zudem stehen diese Texte, wie ich finde, durchaus im Einklang mit unserem Glauben, für eine gute Sache zu kämpfen.»

Clutton-Brock besuchte das «Eton College» und studierte in Oxford Klassische Philologie und Philosophie. Nach dem Studium praktizierte er als Anwalt, wurde jedoch um die Jahrhundertwende immer häufiger schreibend tätig. 1908 wurde er als Kritiker und Essayist ständiger Mitarbeiter der «Times» beziehungsweise des «Times Literary Supplement». Dank seines eingängigen Stils und der thematischen Breite seiner Beiträge entwickelte sich Clutton-Brock zu einem der einflussreichsten englischen Essayisten. Nebst Literatur und Kunst standen der Sozialismus und der christliche Glaube im Zentrum vieler seiner Veröffentlichungen. 1909 trat Clutton-Brock der sozialistischen «Fabian Society» bei. In späteren Jahren wurde er in der «Labour Party» aktiv.

Der Krieg beförderte die Hinwendung Clutton-Brocks zu religiösen und moralphilosophischen Themen. Das christliche Gebot der Feindesliebe zieht sich wie ein roter Faden durch seine Kriegsessays, die in den ersten Monaten des Konflikts im «Times Literary Supplement» erschienen und 1914/15 in zwei Bänden («Thoughts on the war» und «More thoughts on the war») versammelt wurden. Die Legitimität des Kriegs zweifelte Clutton-Brock jedoch keineswegs an. Der egoistische Nationalismus und der gefährliche Hang der Deutschen zum willenlosen Gehorsam müssten bekämpft werden. England solle sich aber dabei nicht von Gefühlen des Hasses, sondern der Liebe leiten lassen – der Menschenliebe, Freiheitsliebe und Friedensliebe. Nur mit Verständnis für den Gegner sei ein dauerhafter Friedensschluss möglich.

Die Illusionen des Krieges

Zu Beginn des Krieges war es einfach, die Deutschen nicht zu hassen, doch nachdem wir dessen Bürde zweieinhalb Monate getragen haben, fällt dies wesentlich schwerer. Nicht nur ihre Taten sind uns zuwider, sondern auch ihre Worte. Die Deutschen drohen und prahlen und verunglimpfen uns, sie weiden sich am Gedanken, wie sie mit England verfahren würden, befände sich das Land – so wie Belgien – in ihrer Gewalt. Sie kommen uns vor wie ein Mann, dessen lange aufgestauter Hass in einem hässlichen Schwall hervorbricht. Wie alles andere haben sie auch uns in eine Formel gepresst, die so weit von der Wahrheit entfernt ist, dass wir in ihr nur ein dreistes Zerrbild sehen können – kindisch, wenn man von dessen Spitzfindigkeit und dem Machtmissbrauch absieht, den es rechtfertigen soll. Wir wissen, dass wir, trotz all unserer Mängel, nicht das sind, wofür uns die Deutschen halten. Wir wissen, dass England keine kalte, habgierige, heimtückische Abstraktion ist, sondern ein Land voller Menschen, deren Tugenden wir lieben und deren Laster wir verharmlosen, weil es die unseren sind. Doch Deutschland spricht nun, wie uns scheint, mit einer Stimme, als sei das Land eine Abstraktion, und besagte Stimme verkündet die immer gleichen Infamien gegen das abstrakte England des bösen deutschen Traumes.

Doch Deutschland ist so wenig eine Abstraktion wie England. Es ist ebenfalls ein Land voller Männer und Frauen, die ihre eigenen Tugenden lieben und ihre Fehler verharmlosen. Auch sie hören, welche Gemeinheiten man in England über sie verbreitet, und glauben, dass ein lange aufgestauter Hass hervorbreche und England zu seinem schon lange geplanten Zerstörungswerk ansetzt. Wie hässlich das Wort «Deutschland» heute in unseren Ohren klingt! Für die Deutschen aber ist es eine Musik, die sie in Marsch setzt und sie leiden und sterben lässt, wie wir es für England tun. Wenigstens dies teilen wir miteinander, was nur beweist, dass wir keine wilden Tiere, sondern Menschen sind: die Bereitschaft, unseren Leib zu opfern, wenn unsere Seele danach verlangt. Reiner Hass oder reine Eroberungsgier vermöchte weder den Deutschen noch den Engländern ein solches Opfer abzufordern. Jeder Mensch, der für eine gute oder auch schlechte Sache zu sterben bereit ist, besitzt Würde, denn Menschen sterben nicht für Sachen, die ihnen nicht richtig erscheinen. Und die Deutschen sind bekanntlich bereit, zu Hunderten und Tausenden für Deutschland zu sterben. Dieser Sache bringen sie eine Demut und einen Gehorsam entgegen, die auf uns schon fast unmenschlich wirken. Sie sind es zufrieden, als Kanonenfutter tituliert und von Offizieren angeführt und angetrieben zu werden, deren Stolz so gross ist wie ihre eigene Demut. Gleichwohl bleibt jeder Deutsche vor sich ein Individuum mit seinen eigenen Hoffnungen und Ängsten, mit Frau und Kindern, die zu Hause für ihn beten, mit einer unsterblichen Seele, die seinem Leib solch eiserne Disziplin abverlangt.

Es gibt demnach einen Kampf von Leib gegen Leib und von allen materiellen Dingen gegeneinander. Doch welche seelische Anstrengung steckt hinter all dem? Als Zeitungsleser könnte man meinen, dass auch die Seelen einander mit ihren Waffen des Denkens und Sprechens zerfleischen und vernichten wollen und sich dem Krieg so vollständig ausgeliefert haben, als wären sie Körper und hätten jene Freiheit des Friedens ganz eingebüsst, ohne die die Seele nur die Sklavin des Leibs ist. Es scheint, als erdulde ein Mensch in Rage die Sklaverei nicht nur, sondern heisse sie willkommen. Der Zorn ist laut Bacon eine sinnliche Leidenschaft, denn der Geist dürstet in ihm – dem Leibe vergleichbar – nach einem bösen seelischen Triumph, der aber ohne seelische Befriedigung bleibt. Seelen vermögen nämlich, anders als Körper, keine Siege der Lust oder des Hasses übereinander zu erringen, und jeder Konflikt zwischen ihnen ist eine von körperlichem Begehren diktierte Illusion. So stark kann diese Illusion sein, dass die Kombattanten ihr Menschsein voreinander verlieren, da wir nur diejenigen zutiefst hassen können, die uns nicht länger als Menschen erscheinen, sondern als Exempel und Inkarnationen all der Dinge, die wir hassen. So aber verhält es sich, wenn wir an die Deutschen denken und Deutschland meinen – oder wenn die Deutschen dasselbe mit uns tun. Der Krieg drängt den Kombattanten eine solche Illusion just deshalb auf, weil alle Angehörigen einer Nation bereit sind, sich für diese im Kampf gegen eine andere zu opfern. In ihrer Selbstaufopferung sind sie sich stärker denn je ihrer eigenen Seelen bewusst, denen allerdings nur Körper gegenüberzustehen scheinen, die alle unter dem Befehl einer bösartigen Abstraktion stehen, der sie wie ein Mann Gehorsam leisten. Und so vermögen wir in den deutschen Schmähreden auf uns nichts Menschliches oder Geistiges zu erkennen. Nicht die Deutschen sprechen da, sondern Deutschland, und was sie sagen, enthält all das, was wir an Deutschland hassen, so als hätten sie keine in Worte gefassten Gedanken ausgedrückt, sondern gusseiserne Kugeln auf die Köpfe ihres Feindes abgefeuert.

Und nichts anderes sind diese feindseligen Äusserungen auf beiden Seiten. Kein Gedanke findet darin Ausdruck, sondern allein die sinnliche Leidenschaft des Hasses, die sich als Denken kostümiert und gerade wegen ihres Kostüms umso absurder wirkt. Affen schnattern, wenn sie in Rage geraten, doch Menschen rufen sich ihren Verstand in Erinnerung und schützen Argumente, moralische Empörung, Esprit oder erhabene Distanz vor. Dabei sind sie mit ihren ewigen Phrasen und Floskeln lächerlicher als jeder Affe, der sich aufs Schnattern beschränkt: lächerlich vor einem Gott ohne Erbarmen, aber vollends erbärmlich vor einem Menschen, der weiss, dass in allen Menschen ein Geist steckt, der sich stets nach der Freiheit des Friedens sehnt. In ihrer Rage und ihrem Hass erkennt er den versklavten Geist, selbst wenn sich dieser einredet, Freude am Krieg zu haben, und selbst wenn er sich gottähnlich wähnt in seinem Widerstand gegen all die unmenschlichen Heerscharen des Bösen.

Diese Heerscharen sind aber nicht unmenschlich, mögen ihre Gebieter auch noch so böse Absichten verfolgen, sondern wie wir Menschen, die in uns ebenfalls unmenschliche Heerscharen erkennen. Offenbarte uns plötzlich eine himmlische Stimme die Wahrheit, würden uns die Waffen aus den Händen gleiten, und wir müssten einander ins Gesicht lachen, bis uns die Tränen kämen beim Gedanken an all die Toten, die die Wahrheit nicht mit uns teilen können, und an die Verwundeten, die nicht daran genesen können, und an die Witwen und Waisen, denen sie ihre Männer und Väter nicht zurückgeben können. Denn dies ist die Wahrheit, die endgültige Wahrheit hinter all den Argumenten und nationalen Konflikten und dem ganzen Stolz des Siegs und der Schmach der Niederlage: Wir sind Menschen, in denen der Geist stärker ist als der Leib, in denen der Geist die Liebe heftiger ersehnt als der Leib den Hass. Wir drücken dies heute auf seltsame Weise aus, doch bei aller Verblendung weiss jede Nation, dass sie gegen die Verblendung der anderen kämpft. Und tatsächlich müssen wir dagegen ankämpfen wie gegen den halluzinierten Furor eines Wahnsinnigen. Am besten hält man es dabei mit jenen guten Soldaten, die wissen, dass ihre Feinde keine Teufel, sondern Menschen sind, welche sie umso weniger fürchten, als sie sie nicht hassen. [...]

Wollen wir uns nun einen Verhaltenskodex auferlegen, so malen wir uns am besten aus, wie ein wohlinformierter Historiker in einer fernen, glücklicheren Zukunft unser Wesen und Benehmen in dieser Zeit bewerten wird. Wir sollten uns wünschen, dass er über uns sagen wird, wir hätten nicht nur entschlossen und erfolgreich Krieg geführt, sondern auch mit einer nie da gewesenen Haltung, die nach dem Ende der weltweiten Katastrophe eine neue Freundlichkeit und Weisheit habe aufkommen lassen. Auf dieses Urteil könnten unsere Nachkommen mit Fug stolz sein, doch wir gelangen dazu nicht mit Stolz, sondern einzig mit Demut. Will die Menschheit vorankommen, so stellt jede Epoche sie geistig vor eine noch schwierigere Aufgabe; erfüllt die eigene Vergangenheit sie jedoch mit Stolz, so verkennt sie die vor ihr liegende schwierige Aufgabe. Dieser zeigt sie sich nur gewachsen, wenn sie die Fähigkeit zur Demut in sich trägt. Die ganze Welt – und wir in ihr – entbehrt heute schmerzlich jener Fähigkeit, und ein Gott ohne Erbarmen könnte abermals über die Gebete jeder einzelnen kriegführenden Nation für den eigenen Sieg lächeln, aber auch über ihre von der Verwüstung ringsum unbeeindruckte Gewissheit, für die Zukunft der Menschheit zu kämpfen. Könnten wir alle jedoch zu Gott beten, er möge sich unseres törichten kleinen Planeten erbarmen, bestünde eine gewisse Chance auf Erhörung des Gebets, aber auch darauf, dass wir uns einander erbarmen. Der Schlüssel zu Weisheit und Frieden liegt nicht darin, andere Menschen für ihre Torheit zu verachten, sondern darin, die eigene Torheit zu erkennen. Schreiben wir den Krieg zur romantischen Legende um, indem wir ihn als Kampf zwischen Mächten und Tendenzen, zwischen guten und bösen Abstraktionen interpretieren, liefert uns das einen heroischen Vorwand für unsere niedersten Leidenschaften und Gedanken. Der Krieg wird nicht von Tendenzen und Mächten geführt, sondern von Menschen, die davon ablassen würden, wenn sie einander in die Herzen schauen könnten, und die einander um Verzeihung bitten würden, wenn sie das Leid fühlen könnten, das sie einander antun. Dies gilt, bei aller Verblendung, für die Deutschen ebenso wie für uns. Und genau diese endgültige Wahrheit dürfen wir unter keinen Umständen vergessen, wenn wir psychisch nicht noch stärker leiden wollen, als wir es physisch schon tun.

Erwachet, ihr Christen!

Wird man sich in einer glücklicheren Zukunft an Weihnachten 1914 erinnern, so denkt man hoffentlich nicht nur an den Jahrestag der ersten Weihnacht, sondern auch an den Augenblick, da inmitten der Finsternis der alte Glaube neu geboren, aus dem Greis wieder ein Kind wurde. Während wir, die Zuhausegebliebenen, die zur Farce verkommene Weihnachtsbotschaft kaum noch über die Lippen brachten, verwandelten sich jene Worte genau an der Stelle in Taten, wo die alten heidnischen Götter anscheinend ihr Königreich errichtet hatten. [...]

Wir haben alle gelesen, was zwischen den verfeindeten Heeren geschehen und wie unerwartet und ungeplant es dazu gekommen ist, freilich auch angetrieben von der unbewussten Kraft ihres gemeinsamen Wesens. Immer und immer wieder haben wir von jener jähen Verwandlung an Heiligabend gehört, als der Gesang auf der einen Seite von der anderen beantwortet wurde und die Männer sich erhoben und aufeinander zugingen, als wäre ein Bann gebrochen. Und in jedem Bericht kommt ein Erstaunen zum Ausdruck, als habe man einem Wunder beigewohnt. Manche erwähnen die sonderbare Schönheit der von Lichtern und Musik erfüllten Dunkelheit – so als seien die Armeen nicht für den Krieg einberufen worden, sondern für das Weihnachtsfest. Unsere Männer stimmten aus alter Gewohnheit das Kirchenlied «Christians, awake!» an, und prompt erwachten die Christen sowohl in den Engländern wie in den Deutschen, die einander nicht mehr als Engländer oder Deutsche sahen, sondern als Menschen. Dies alles vollzog sich ohne Anstrengung, Angst, Argwohn oder Unbeholfenheit, sondern wie nach einem Sturm, wenn die Sonne wieder durch die Wolken bricht. Und als es geschah, wirkte es eher natürlich als wunderbar. Unnatürlich wirkte vielmehr der vormalige Kriegszustand, in dem man im anderen nicht den Menschen, sondern die Zielscheibe gesehen hatte. Nun aber waren sie voreinander zu Leben erwacht, und sogleich wurden sie Freunde.

Wir pflegen über den natürlichen Menschen zu reden, als wäre er eine Art Gorilla, den seine Intelligenz nur noch gefährlicher macht, als erschiene uns nichts so natürlich wie die Begierden und Ängste unserer Körper sowie jene Gewohnheiten, die in die graue Vorzeit zurückreichen und uns immer noch anhaften. Wir verfügen aber auch über eine geistige Natur, die uns genau wie der Leib als Natur erscheint und all unser Verlangen in sich trägt. Keiner spricht über den natürlichen Menschen in sich selbst. Dieser beherrscht offenbar immer nur die anderen, welche man mit feindseligem Blick von aussen betrachtet: nicht als Menschen, sondern als Mob oder fremde Nation. Deswegen scheint sich eine feindliche Armee aus natürlichen Menschen zusammenzusetzen, aus urgeschichtlichen Raubtieren, durch die Zivilisation organisiert und durch Instinkte hinreichend diszipliniert. Und wenn die Nationen einander in diesem Lichte sehen, dann tun sie alles dafür, selbst genau das zu sein, was sie ihren Feinden unterstellen: Sie predigen eine Kriegsdoktrin und jenen «Willen zur Macht», der – wäre er natürlich – kaum solcher Predigten und Zwänge bedürfte.

Doch wenn wir uns von den Armeen ab- und den sie bildenden Männern zuwenden, stellen wir fest, dass der natürliche Mensch in jeder von ihnen genauso wenig ein Raubtier ist wie der geneigte Leser. Diese jähe Entdeckung machten an Weihnachten sowohl unsere wie die deutschen Soldaten. Beide Seiten schüttelten alle Kriegslist ab, so als handelte es sich um ein langweilig gewordenes Spiel. Sie erkannten, dass die dem gegenseitigen Töten zu Grunde liegende Feindschaft mit ihrem natürlichen Leben kaum mehr zu tun hatte als der Wachdienst oder die Schützengräben, in deren Morast sie bis zur Taille gesteckt hatten. «Ich glaube», schrieb ein Offizier, «dass der Krieg zu Ende gehen wird, weil alle die Nase voll haben davon und nicht länger schiessen wollen.» Dies aber würde geschehen, wenn sich der natürliche Mensch in allen plötzlich und gleichzeitig durchsetzen könnte, wie er es an Weihnachten für ein paar Stunden getan hat. Man erzählt uns von den Hassgesängen, die deutsche Zivilisten komponieren und in denen der Abscheu gegen England als tiefverwurzelter, mystischer Instinkt der heiligen deutschen Seele erscheint. Was aber geschah mit diesem Argwohn, als die einfachen, freundlichen Sachsen keine Hass-, sondern Weihnachtslieder anstimmten und einfachen, freundlichen Engländern begegneten und mit ihnen sprachen, um in einem Augenblick der beseligenden Vertrautheit zu erkennen, dass auch sie genug von Hass und Gemetzel hatten und sich nach Freundschaft und Frieden sehnten wie ein Kranker nach Gesundheit?

Würden wir Zivilisten wie jener Offizier über den Krieg reden, sähen wir uns schnell als Feiglinge oder sentimentale Narren abgestempelt. Sogleich hiesse es, dass wir die Aushebung von Rekruten hintertreiben und den Mut und die Selbstaufopferung unserer Soldaten im Schutze unserer Schreibstuben der Lächerlichkeit preisgeben würden; dass es für uns ein Leichtes sei, die Deutschen nicht zu hassen, da wir ihre Niedertracht nie gesehen hätten. Nun aber weigern sich unsere Soldaten, die nicht in weichen Sesseln sitzen und die Niedertracht der Deutschen tatsächlich gesehen haben, diese zu hassen. Weshalb sollten wir unversöhnlicher sein als die Männer, die für uns kämpfen und die unsere Feinde besser kennen als wir? Es steht zu vermuten, dass der berühmte «Hassgesang gegen England»[1] in einem Sessel geschrieben wurde und dass es dem Verfasser eher um die Herrlichkeit seiner eigenen Gefühle ging als um irgendwelche ihm bekannten Fakten über die Engländer. Doch die Männer, die kämpfen, haben keine Zeit, in der Herrlichkeit ihrer Gefühle zu baden, und kein Bedürfnis, ihren Patriotismus an die grosse Glocke zu hängen. Sie kennen die Gefahr, der England trotzen muss, besser als wir, denn sie trotzen ihr ja. Sie wissen, wofür sie kämpfen, weshalb sie sich auch nicht mit Hass für den Kampf stählen müssen. Für uns, die wir in unseren Schreibstuben und Sesseln sitzen, ist es nur ein Krieg zwischen einer guten und einer schlechten Sache, doch für die Kämpfenden ist es auch ein Krieg zwischen Menschen, und ihre Feinde werden nicht deshalb finsterer, weil es ihre Sache ist. Sie sehen, dass die deutschen Soldaten genauso leiden wie sie selbst und dass die Wirklichkeit dieses Leidens sie von den Illusionen befreit, denen ihre Herrscher obliegen; dass sie den Krieg nicht verherrlichen, sondern sich nach Frieden und Freundschaft sehnen. Käme auch nur ein entsprechendes Wort von oben, würden sie all den Unfug über die Bestimmung Deutschlands sogleich vergessen, den man ihnen eingetrichtert hat, und sich an Freundschaft und Frieden erfreuen.

Noch ist jenes Wort nicht zu hören. Die Waffenruhe an Weihnachten war erst ein Vorschein auf das, was kommen wird, wenn die Menschen aus ihren eigenen Herzen endlich Weisheit schöpfen. Bis dahin sollten wir allerdings die Lektion beherzigen, die unsere eigenen Soldaten uns lehren. In ihren Augen stehen die Deutschen unter einem Bann, der durch das Weihnachtswunder kurz gebrochen wurde – allerdings nicht umfassend, denn die Sachsen warnten unsere Männer davor, von den Preussen in der Nähe eine Waffenruhe zu erwarten. Doch sowohl für die Sachsen wie die Engländer waren jene Preussen nur absurde Automaten, die nicht zu Leben erwachen konnten. Keine

Teufel waren sie, sondern einsame, steife, marschierende Gestalten, die ihre Verbrechen vorschriftsgemäss begingen und sich für ihr abstraktes Preussen von aller konkreten Lebensfreude und -weisheit abschirmten. Der arme Preusse glaubt, er wirke nicht mehr lächerlich, wenn er nur brutal genug ist, dabei wirkt er gerade lächerlich, *weil* er brutal ist und beharrlich seinen grausamen alten Göttern dient. Dabei wissen wir anderen, dass es sich nur um hölzerne Götzen handelt. Kein Wissenschaftsjargon vermag zu bemänteln, dass sich seine Götzendienerei überlebt hat, und wir werden uns trotz all seiner Missetaten nicht dazu hinreissen lassen, seine Denkweise zu übernehmen. Er hat den Ehrgeiz, die Welt zu verpreussen, doch gelänge ihm dies, würde sich die Welt auf preussische Weise an ihm rächen – sein selbstgeschaffenes Ungeheuer würde ihn zerstören. Aber wann wird Deutschland endlich aufhören, sein selbstgeschaffenes Ungeheuer zu sein? Wann wird das Land die Menschlichkeit seiner Soldaten zurückerlangen, die sich an Weihnachten mit unseren Soldaten angefreundet haben? Wir wissen es nicht, doch immerhin sollten wir jenen Tag nicht unnötig hinauszögern, indem wir den Deutschen sagen – und es selbst glauben –, dass sie für uns nicht mehr menschlich und ihre Verbrechen unsühnbar seien und dass Europa in ewiger Blutfehde mit ihnen liege. Unsere Soldaten sprechen eine andere Sprache: Bei der weihnachtlichen Waffenruhe waren sie bereit, ihnen zu vergeben. Sie sangen ihre Friedenslieder, und als diese erklangen, erschien der Krieg unwirklich. Soldaten waren nicht länger Soldaten, sondern Menschen.

Aus dem Englischen von Thomas Schlachter

[1] Gedicht des deutschen Schriftstellers Ernst Lissauer (1914).

Romain Rolland

«Keine Rache, keine Repressalien!»
Au-dessus de la mêlée. Paris 1915.

Stefan Zweig bezeichnete ihn rückblickend als «das Gewissen der Welt»[1]: Romain Rolland (1866–1944), Verfasser des bekannten kriegskritischen Manifests «Au-dessus de la mêlée», der für sein Engagement zunächst harsche Kritik einstecken musste.

Rolland besuchte ab 1886 die renommierte «École Normale Supérieur» (ENS) in Paris. Nach dem Abschluss seiner Dissertation wurde er Dozent an der ENS und 1904 Professor für Musikgeschichte an der Sorbonne. Grossen Erfolg erzielte Rolland mit dem Romanzyklus «Jean-Christophe» (1904–1912), der eine französisch-deutsche Künstlerfreundschaft schildert und für den er – gegen den Widerstand nationalistischer Kreise – mit dem Grossen Literaturpreis der «Académie française» ausgezeichnet wurde. Kurz vor Kriegsbeginn befasste sich Rolland, der mit Schriftstellern und Künstlern in ganz Europa in Kontakt stand, mit der Gründung einer internationalen Zeitschrift, welche das Bewusstsein für die kulturelle Einheit Europas stärken sollte.

Der Kriegsausbruch überraschte Rolland am Genfersee. Entsetzt notierte er in sein Tagebuch: «Ich bin am Boden zerstört. Ich wäre lieber tot. Es ist entsetzlich, inmitten dieser schrecklichen Menschheit zu leben und ohnmächtig dem Zusammenbruch der Zivilisation beizuwohnen.»[2] Der erhoffte Protest der intellektuellen Eliten, der Sozialisten, Kirchen und Pazifisten blieb aus. Rolland entschied sich, in der Schweiz zu bleiben, um unzensiert publizieren zu können, und arbeitete für die «Internationale Zentralstelle für Kriegsgefangene» in Genf. Im Herbst 1914 und im Frühjahr 1915 wurden mehrere Artikel Rollands in der Westschweizer Presse veröffentlicht. Zu grösster Bekanntheit brachte es der hier abgedruckte Text «Au-dessus de la mêlée», der nach der Schlacht an der Marne am 15. September 1914 im «Journal de Genève» erschien.

Rolland war überzeugt, dass Frankreich einen gerechten Verteidigungskrieg führte und verurteilte das deutsche Vorgehen in Belgien und Nordfrankreich scharf. Dabei schreckte er zeitweise auch vor dem viel bemühten Hunnenvergleich nicht zurück (als «Barbaren» bezeichnete er in «Au-dessus de la mêlée» die Kolonialtruppen). Doch stets beurteilte er den Krieg an sich als gänzlich sinnlos und sah in hasserfüllten nationalistischen Äusserungen sowie im Ruf nach Vergeltung eine Gefahr für den Frieden. Aus diesem Grund setzte sich Rolland nach Kriegsende für eine Revision des Versailler Vertrags ein. Die Schuld am Krieg schrieb er nicht dem deutschen Volk, sondern dem Imperialismus und der Führungsriege der Mittelmächte zu.

Rollands Artikel wurden in Deutschland und Frankreich zensuriert. Beiden Seiten galt er als Fürsprecher des Feindes. Er erhielt Drohbriefe, und selbst Freunde und Familienmitglieder forderten ihn zum Schweigen auf. Im Sommer 1915 liess Rolland resigniert verlauten: «Ich ziehe mich voller Überdruss von einem blinden Ringen zurück, in dem jeder der Kämpfenden nur auf seine eigene Leidenschaft hört und immer wieder lauthals seine eigenen Argumente vorbringt, ohne nach Mitteln zu suchen, sie andern nach und nach zugänglich zu machen.»[3] Erst nachdem im November 1915 in Frankreich eine unzensierte Sammlung seiner Artikel erschienen war, erhielt Rolland Zuspruch von Schriftstellern und Pazifisten. Ende 1916 wurde ihm der Literaturnobelpreis des Vorjahres zugesprochen.

O Heldenjugend der Welt! Mit welcher Verschwenderlust vergiesst sie ihr Blut, das die gierige Erde trinkt! Welche Opferernten werden hingemäht unter der Sonne dieses leuchtenden Sommers! ... Ihr alle, junge Menschen aller Nationen, die ein gemeinsames Ideal tragisch die Waffen kreuzen lässt, ihr jungen feindlichen Brüder – Slawen, die ihr Stammesgenossen zu Hilfe eilt, Engländer, die ihr für Ehre und Recht streitet, du tapferes belgisches Volk, das da gewagt hat, dem germanischen Koloss zu trotzen und gegen ihn Westeuropas Thermopylen zu verteidigen. Deutsche, die ihr kämpft, um Kants Geist und Stadt gegen den Wildstrom der Kosaken zu schützen, und ihr vor allem, meine jungen französischen Gefährten, die ihr mir seit Jahren eure Träume anvertraut und vor dem Abmarsch in die Feuerlinie euer edles Lebewohl gesandt habt, ihr, in denen das Geschlecht der Revolutionshelden blühend wiedererstanden ist – wie seid ihr mir teuer, die ihr da sterben werdet! Wie ihr uns rächt für die langen Jahre der Skepsis, der geniesserischen Willensschwäche, darin wir aufgewachsen sind, vor solchen Miasmen unseren Glauben behütend, euren Glauben, der in euch nun auf den Schlachtgefilden triumphiert! Von einem «Revanche»-Krieg redet man. Wahrlich ein Vergeltungskrieg, aber nicht im Sinne eines engherzigen Chauvinismus; Vergeltung des Glaubens gegenüber allen Eigensüchten der Sinne und des Geistes, unbedingte Hingabe des Selbst an die ewigen Ideen ... [...]

Ihr tut eure Pflicht. Aber haben andere sie getan?

Wagen wir doch der älteren Generation die Wahrheit zu sagen, den seelischen Lenkern jener Jugend, den Beherrschern der öffentlichen Meinung, den weltlichen oder kirchlichen Oberhäuptern, den Kirchen selber, den Denkern, den sozialistischen Volkstribunen.

Wie! In euren Händen hieltet ihr solch lebendige Reichtümer, solche Schätze an Heroismus! Und wofür vergeudet ihr dies? Dieser opferhungrigen Jugend, welch ein Ziel habt ihr ihrer edlen Hingebung gesteckt? Die gegenseitige Abschlachtung dieser jungen Helden! Den europäischen Krieg, ein gotteslästerliches Gemetzel, das Schauspiel eines rasenden Europas, das den Scheiterhaufen besteigt und sich, wie Herakles, mit eigenen Händen zerfleischt! Die drei grössten Völker des Abendlandes also, die Hüter der Zivilisation, verbeissen sich in gegenseitigen Vernichtungskampf, rufen als Helfer Kosaken herbei, Türken, Japaner, Singalesen, Sudanesen, Senegalesen, Marokkaner, Ägypter, Sikhs und Zipayen, die Barbaren vom Nordpol und die vom Äquator, Seelen und Häute aller Farben! Es geschehen Dinge wie im Römerreich zur Zeit der Tetrarchen, als diese, um einander zu verschlingen, Horden von den Enden der Welt herbeiriefen! ... Ist denn unsere Zivilisation gar so standfest, dass ihr nicht Angst habt, ihre Pfeiler zu erschüttern? Seht ihr denn nicht, dass das Einknicken einer einzigen Säule alles über euch zusammenbrechen lässt? War es völlig unmöglich, wenn schon nicht zu gegenseitiger Liebe, so doch dahin zu gelangen, dass ein jeder von euch die grossen Vorzüge und grossen Fehler des anderen ertrug? Und hättet ihr euch nicht bemühen sollen, in einem Geiste des Friedens (ihr habt es nicht einmal ehrlich versucht) die Fragen zu bereinigen, die euch trennten – das Problem der gegen ihren Willen annektierten Völker – und die gerechte Verteilung fruchtbarer Arbeit und der Reichtümer der Welt? Muss denn der Stärkste immer und ewig darauf sinnen, hochmütig die anderen in seinem lastenden Schatten zu halten, und müssen die anderen sich ewig verbünden, ihn niederzuringen? Dieses kindische und blutige Spiel, dessen Teilnehmer alle Jahrhunderte die Plätze wechseln, soll es nicht enden, ehe die Menschheit völlig ausgeblutet ist?

Ich weiss, die Staatenlenker, welche das Verbrechen begehen, solche Kriege zu entfesseln, wagen nicht, dafür die Verantwortung auf sich zu nehmen; jeder bemüht sich tückisch, dem Gegner die Last zuzuschieben. Und die Völker rennen gefügig nach, trösten sich mit dem Gerede, eine höhere Macht als der Mensch habe es so gefügt. Wieder einmal hört man den uralten Kehrreim: «Verhängnis des Krieges, mächtiger als jeder Wille» – der ewige Kehrreim der Herden, die aus ihrer Schwäche einen Gott machen und ihn anbeten. Die Menschen haben das Schicksal erfunden, um ihm den Wirrwarr der Welt zuzuschreiben, statt pflichtgemäss die Welt zu beherrschen. Kein Verhängnis! Verhängnis ist, was wir wollen. Und auch noch öfter das, was wir nicht fest genug wollen. In diesem Augenblicke spreche jeder von uns sein mea culpa! Diese geistige Auslese, diese Kirchen, diese Arbeiterparteien haben den Krieg nicht gewollt ... Mag sein! ... Was haben sie getan, ihn zu hindern? Was tun sie, ihn zu mildern? Sie schüren den Brand. Jeder schüttet sein Öl ins Feuer.

Der auffälligste Zug bei diesem ungeheuerlichen Abenteuer, das nie Dagewesene, ist die Einhelligkeit des Kriegswillens in jeder der Nationen. Es ist wie eine Seuche mordlustiger Raserei, welche vor zehn Jahren in Tokio ausbrach[4] und wie eine gewaltige Woge weiterschwingt und endlich den ganzen Leib der Erde umfliesst. Nicht einer hat dieser

Epidemie widerstanden. Auch nicht freies Denken entzog sich glücklich der ansteckenden Pest. Eine Art teuflischer Ironie schwebt über diesem Gemetzel der Völker, das, wie immer es endet, Europa zum Krüppel machen wird. Denn nicht bloss die nationalen Leidenschaften lassen Millionen Menschen wie Ameisenscharen blindlings aufeinanderprallen, so dass selbst die neutralen Länder von gefährlichen Fieberschauern geschüttelt werden, sondern auch die Vernunft, der Glaube, die Dichtung, die Wissenschaft, alle Kräfte des Geistes stehen mit in Reih und Glied und marschieren in jedem Staate hinter den Heeren ins Feld. Unter den Besten jedes Landes ist keiner, der nicht in vollster Überzeugung verkündet, die Sache seines Volkes sei Gottes Sache, die Sache der Freiheit und des menschlichen Fortschritts. Und ich behaupte das gleiche ...

Es kommt zu Zweikämpfen zwischen Metaphysikern, Dichtern, Historikern. Eucken gegen Bergson, Hauptmann gegen Maeterlinck, Rolland gegen Hauptmann, Wells gegen Bernhard Shaw. Kipling und D'Annunzio, Dehmel und Régnier singen Kriegslieder. Barrès und Maeterlinck stimmen Hassgesänge an. Zwischen einer Fuge von Bach und den brausenden Orgelklängen des Deutschlandliedes ruft der zweiundachtzigjährige Wundt[5] mit seiner gebrochenen Greisenstimme die Leipziger Studenten auf zum «heiligen Kriege». Und alle schleudern sich gegenseitig den Schimpfnamen «Barbaren» zu. Die Pariser Akademie der Geisteswissenschaften erklärt durch ihren Präsidenten Bergson[6], «das gegen Deutschland begonnene Ringen ist recht eigentlich das Ringen der Zivilisation gegen die Barbarei». Im Namen der deutschen Geschichtsschreibung antwortet Karl Lamprecht[7]: Krieg sei ausgebrochen zwischen germanischer und romanischer Art, und die gegenwärtigen Kämpfe seien die logische Fortsetzung jener anderen, welche Deutschland vor Jahrhunderten gegen Hunnen und Türken bestanden habe. – Nach der Geschichte treten auch die exakten Wissenschaften in die Schranken, und es erklärt E. Perrier[8], Museumsdirektor und Mitglied der Akademie der Wissenschaften, die Preussen gehörten nicht zur arischen Rasse, sie stammten in gerader Linie von den Allophylen genannten Steinzeitmenschen ab und «derjenige heu-

Nebelspalter, 1914.

tige Schädel, dessen Basis als Zeichen des Ungestüms seiner Begierden am deutlichsten an den Schädel des fossilen Menschen von Chapelle-aux-Saints erinnert, ist der des Fürsten Bismarck».

Aber die zwei seelischen Mächte, deren Schwäche dieser ansteckende Krieg am deutlichsten enthüllt hat, sind das Christentum und der Sozialismus. Diese wetteifernden Apostel der religiösen oder weltlichen Internationale haben sich plötzlich als leidenschaftliche Nationalisten entpuppt. Hervé[9] möchte für die Fahne von Austerlitz sterben. Die reinen Träger der reinen Lehre, die deutschen Sozialisten, stimmen im Reichstag für die Kriegskredite, stellen sich dem preussischen Minister zur Verfügung, und dieser bedient sich ihrer Zeitungen, um seine Lügen noch in den Massenquartieren an den Mann zu bringen; als

Geheimagenten lassen sie sich nach Italien schicken, um womöglich das italienische Volk zu ködern. Einen Augenblick verharrte man bei uns in der für die deutschen Sozialisten ehrenvollen Täuschung, zwei oder drei von ihnen hätten den Tod durch Erschiessen vorgezogen, statt gegen ihre Brüder die Waffen zu tragen. Aber entrüstet verwahren sie sich gegen dies Gerücht: alle ziehen mit Gewehr über in den Kampf. Nein, Liebknecht[10] ist für die sozialistische Sache nicht gestorben. Der Abgeordnete Frank[11], der bedeutendste Vorkämpfer der deutsch-französischen Verständigung, fiel durch französische Kugeln für die Sache des Militarismus. Denn diese Männer, die nicht den Mut haben, für ihre Überzeugung zu sterben, sterben mutig für die Überzeugung der anderen.

Was die Vertreter des eigentlichen «Friedensfürsten» anlangt, so bestätigen sie zu vielen Tausenden im Schlachtgewühl, die Faust am Gewehr, das Gotteswort: «Du sollst nicht töten» und «Liebet einander». Jeder Heeresbericht, ob es sich nun um deutsche, österreichische oder russische Siege handelt, dankt Gott als oberstem Marschall, «unserm alten Gotte, unserm Gotte» – wie Wilhelm II. oder unser Zeitungskönig Herr Arthur Meyer[12] sagt. Denn jeder hat den seinigen, und jeder dieser Götter, jung und alt, hat seine Leviten, die sich um ihn scharen und den Gott der Gegenpartei zerschmettern.

Zwanzigtausend französische Priester marschieren unter den Fahnen. Kardinäle erlassen Kriegsmanifeste. Die Jesuiten bieten den deutschen Heeren ihre Dienste an. Die serbischen Bischöfe in Ungarn mahnen ihre Gläubigen zum Kampfe gegen ihre Brüder in Grossserbien. Und ohne jegliches Erstaunen verzeichnen die Zeitungen die tolle Szene, wie auf dem Bahnhof von Pisa italienische Sozialisten den zu ihren Regimentern einrückenden Priesterzöglingen zujubeln, wobei alle die «Marseillaise» anstimmen. – So stark ist der Wirbelsturm, der alle mitreisst! So schwach die Menschen, die er auf seiner Bahn findet – und ich, wie die anderen ...

Kommen wir doch zu uns! Welcher Art auch und wie stark die Ansteckung sein mag – seelische Epidemie oder kosmische Einwirkung – kann man sich nicht ermannen? Man bekämpft die Pest, man trifft selbst Schutzmassregeln gegen Erdbeben. Sollen wir da ruhig die Segel streichen, wie der Honorabile Luigi Luzzatti[13] in seinem berühmten Aufsatz: «Im allgemeinen Zusammenbruch triumphieren die Vaterländer»? Werden wir mit ihm sagen, damit man diese «grosse und schlichte Wahrheit» der Vaterlandsliebe begreife, sei es gesund, dass «der Dämon internationaler Kriege entfesselt werde, welche Tausende hinraffen»? So könnte die Vaterlandsliebe nur aus dem Hasse gegen andere Vaterländer erblühen und aus dem Niedermetzeln ihrer Verteidiger? In dieser Behauptung liegt eine grausame Torheit und etwas wie eine neronische Lust am Brande Roms, die mir zuwider ist, zuwider bis in den Kern meines Wesens. Nein, die Liebe zu meinem Vaterlande will nicht, dass ich die frommen, treuen Seelen hasse und töte, welche andere Vaterländer lieben. Im Sinne meiner Vaterlandsliebe muss ich diese Menschen ehren und versuchen, zu unserem gemeinsamen Besten mit ihnen zusammenzugehen.

Ihr Christen, als Trost, weil ihr die Befehle eures Meisters verratet, sagt ihr euch, der Krieg steigere die Tugenden der Hingabe. Und es ist wahr, dass der Krieg aus den mittelmässigsten Herzen den Genius der Rasse hervortreibt. In diesem Feuerbade werden Schlacken und Flecken ausgebrannt; das Metall der Seelen wird geläutert, ein knickriger Bauer, ein ängstlicher Spiessbürger wird durch den Krieg über Nacht zum Helden von Valmy. Aber gibt es keine bessere Verwendung für die Hingabe eines Volkes als ein Vernichten der anderen Völker? Und, ihr Christen, kann man sich nur opfern, indem man seinen Nächsten mitopfert? Ihr armen Leute, ich weiss wohl, viele unter euch opfern lieber ihr eigenes Blut, statt dass sie fremdes vergiessen ... Aber welche Schwäche ist das im Grunde! Gesteht doch, dass ihr, die vor keinen Kugeln noch Schrapnells zittert, vor etwas bebt, das euch höher steht als Jesu Gesetzeslade, vor der öffentlichen Meinung, die ganz einem blutigen Idole dient, dem eifersüchtigen Rassenhochmut! Ihr Christen von heute, ihr hättet nicht die Kraft aufgebracht, den Göttern des kaiserlichen Roms ihr Opfer zu versagen. Es heisst, euer Papst, Pius X., sei aus Schmerz über den Ausbruch dieses Krieges gestorben [20. August 1914]. Was nützt sein Sterben! Dieser Jupiter des Vatikans, der gegen harmlose Priester, welche das edle Trugbild des Modernismus verlockt hatte, nicht genug Blitze schleudern konnte, was hat er gegen diese Fürsten getan, gegen diese verbrecherischen Staatshäupter, deren massloser Ehrgeiz auf die Welt Tod und Elend losgelassen hat? Dem neuen Papste auf St. Peters Thron möge Gott die Worte und die Taten eingeben, welche die Kirche vom Makel dieses Schweigens reinigen!

Ihr Sozialisten aber, die ihr alle behauptet, die Freiheit gegen Tyrannei zu verteidigen – die Franzosen gegen den Kaiser – die Deutschen gegen den Zaren – warum verteidigt ihr einen Despotismus gegen den anderen? Bekämpfet sie beide und vereinigt euch!

Zwischen unseren abendländischen Völkern bestand keinerlei Kriegsgrund. Trotz allem, was eine gewisse Presse behauptet, als giftiges Organ einer Minderheit, die den Hass eigenmächtig schürt, ihr Brüder in Frankreich, ihr Brüder in England, ihr Brüder in Deutschland: wir hassen uns nicht. Ich kenne euch, kenne uns. Unsere Völker verlangten nur eines: Frieden und Freiheit. Für einen Beschauer, der von den Schweizer Bergen herab über das Gemetzel ringsumher in alle sich bekämpfenden Heerlager blicken könnte, liegt die Tragik dieses Kampfes darin, dass jedes dieser Völker wirklich in seinen heiligsten Gütern bedroht ist, in seiner Unabhängigkeit, seiner Ehre, seinem Leben. Aber wer hat dieses Unheil über sie verhängt? Wer hat sie in die verzweifelte Zwangslage gebracht, den Gegner zu vernichten oder zu sterben? Wer anders als ihre Staaten und zunächst (wie ich glaube) die drei Hauptschuldigen, die drei räuberischen Adler, die drei Kaiserreiche, die hinterhältige Politik des Hauses Österreich, der gefrässige Zarismus und das brutale Preussen! Der schlimmste Feind ist nicht aussen, sondern innerhalb jeder Nation; und keine Nation hat den Mut, ihn zu bekämpfen. Es ist dies hundertköpfige Ungetüm mit Namen Imperialismus, dieser Wille zur Überhebung und zur Herrschaft, der alles in sich ziehen oder unterwerfen oder zerbrechen muss und nichts Freies, Grosses duldet ausser sich. Die für uns Abendländer gefährlichste Form, und deren Drohung Europa gezwungen hat, sich in Waffen dagegen zusammenzuschliessen, ist jener preussische Imperialismus als Ausdruck einer militärisch-feudalen Kaste, eine Geissel nicht bloss für die übrige Welt, sondern auch für Deutschland selber, dessen Geist er hinterlistig vergiftet hat. Vor allem diesen Imperialismus muss man zerstören. Aber er ist nicht der einzige. Auch der Zarismus wird an die Reihe kommen. Jedes Volk hat mehr oder weniger seinen Imperialismus; in welcher Form immer, militärisch, finanziell, feudal, republikanisch, sozial, intellektuell, immer ist er der Polyp, der Europas bestes Blut saugt. Gegen ihn, ihr freien Männer aller Länder, wollen wir gleich nach dem Kriege Voltaires Kampfruf neu erheben: «Tilgt aus die Schmach!»[14]

Gleich nach dem Kriege. Denn jetzt ist das Unglück geschehen. Der Wildstrom ist losgelassen. Wir allein können ihn nicht in sein Bett zurückstauen. Überdies sind schon zu grosse Verbrechen begangen worden, Verbrechen gegen das Recht, gegen die Freiheit der Völker und geheiligte Schätze des Geistes. Das muss gutgemacht werden. Wird gutgemacht werden. Europa kann nicht einfach über die Gewalttaten an dem edlen belgischen Volke hinweggehen, über die Zerstörung von Malines und Löwen, die neue Scharen des Tilly[15] verheert haben ... Aber es mögen um Himmels willen diese Missetaten nicht durch ähnliche Missetaten vergolten werden! Keine Rache, keine Repressalien! Das sind abscheuliche Worte. Ein grosses Volk rächt sich nicht! Nur das Recht stellt es wieder her. Diejenigen, in deren Hände die Sache der Gerechtigkeit ruht, mögen sich ihrer bis zum Ende würdig zeigen. Unsere Aufgabe ist es, sie daran zu erinnern. Denn nicht tatlos werden wir dem Orkan zusehen und warten, bis seine Heftigkeit sich in sich selbst erschöpft. Nein, das wäre niedrig. Es bleibt uns genug zu tun übrig!

Es ist unsere erste Pflicht, in der ganzen Welt einen Obersten Gerichtshof des Sittlichen, ein Tribunal des Gewissens zu begründen, das ein wachsames Auge hat und alle Verstösse gegen das Völkerrecht als solche bezeichnet, in welchem Lager auch sie sich ereignen mögen. Und da Untersuchungsausschüsse der Kriegführenden immer verdächtig wären, so müssen die neutralen Länder der Alten und Neuen Welt dabei vorangehen – so wie dies unlängst ein Professor der Pariser medizinischen Fakultät, Prenant[16], vorgeschlagen hat; mein Freund Paul Seippel[17] hat im «Journal de Genève» diese Idee kräftig aufgegriffen: «Die Neutralen hätten Männer von Weltruf und erprobter bürgerlicher Rechtlichkeit zu stellen; diese würden dann als Untersuchungsorgane wirken. Diese Kommissäre könnten den Armeen in einiger Entfernung folgen ... Eine solche Organisation würde den Haager Gerichtshof ergänzen und ihm mehr Wirklichkeit geben und für das notwendige Werk der Gerechtigkeit die Unterlagen vorbereiten ...»

Die neutralen Länder spielen eine viel zu bescheidene Rolle. Sie neigen der Ansicht zu, gegenüber den entfesselten Gewalten sei die öffentliche Meinung von vornherein besiegt. Und die gleiche Entmutigung findet man bei den meisten unabhängigen Denkern aller Nationen. Da liegt ein Mangel an Mut und Einsicht vor. Die Macht der öffentlichen Meinung ist jetzt ungeheuer. Auch die despotischsten und siegreichsten Regierungen zittern heute vor der öffentlichen Meinung und suchen ihr zu schmeicheln. Nichts zeigt dies besser als die Tatsache, dass die beiden kämpfenden Parteien, Minister, Kanzler, Herrscher – sogar der Kaiser wurde Journalist – sich bemühen, ihre Verbrechen zu rechtfertigen und die des Gegners vor dem unsichtbaren allmenschlichen Gerichtshofe darzulegen. Möge man doch diesen Gerichtshof endlich mit Augen sehen! Man wage ihn zu gründen. Ihr kennt nicht eure seelische Macht, ihr Kleingläubigen! ... Und wäre das auch gefährlich, warum scheut ihr die Gefahr, da es um die Ehre der Menschheit geht? Welchen Wert hätte das Leben, wenn ihr, um es zu erhalten, jeden Stolz auf das Leben verlöret! ...

Et propter vitam, vivendi perdere causas[18] ...

Aber wir haben eine andere Aufgabe, wir alle, Künstler und Schriftsteller, Priester und Denker aller Vaterländer. Selbst bei entfesseltem Kriege ist es ein Verbrechen für die geistige Führerschaft, die Unantastbarkeit des Geistes aufs Spiel zu setzen. Es ist schmählich, wenn vor unseren Augen diese Auslese den Leidenschaften einer kindischen und ungeheuerlichen Rassenpolitik dient, welche, wissenschaftlich ein Unsinn (da kein Land wirklich reinrassig ist), nur, wie Renan in seinem schönen Briefe an D.F. Strauss ausführt[19], «zu zoologischen

Kriegen führen kann, zu Vernichtungskriegen gleich jenen, welche verschiedene Arten von Nagetieren oder Raubtieren kennen. Es wäre das Ende dieses fruchtbaren, aus zahlreichen und durchaus nötigen Elementen bestehenden Gemenges, das da Menschheit heisst». Die Menschheit ist eine Sinfonie grosser Massenseelen. Wer nicht imstande ist, sie zu verstehen und zu leben, ausser indem er einen Teil ihrer Elemente zerstört, verrät sich als Barbar und seine Begriffe von Harmonie gleichen offenbar denen des zaristischen Generals, der aus dem niedergeworfenen Polen meldete: Ordnung herrscht in Warschau.[20]

Elite Europas, wir haben zweierlei Heimat: unser irdisches Vaterland und dann aber die Stadt Gottes. In der einen Heimat sind wir Gäste, an der anderen bauen wir. Der ersten wollen wir unsere Leiber schenken und unsere treuen Herzen. Aber nichts von dem, was wir lieben, Familie, Freunde, Vaterland, nichts hat Rechte über den Geist. Der Geist ist das Licht. Es ist Pflicht, ihn über den Stürmen zu halten und die Wolken zu scheuchen, die ihn verdunkeln möchten. Unsere Aufgabe ist es, über die Ungerechtigkeiten und Gehässigkeiten der Nationen hinaus immer höher und breiter die Mauern der Stadt zu bauen, auf dass sich darin die freien, brüderlichen Seelen der ganzen Welt versammeln.

Rings um mich fühle ich das Erbeben der befreundeten Schweiz. Ihr Herz ist geteilt zwischen Sympathien für verschiedene Rassen; es stöhnt, hier keine freie Wahl zu haben und dies nicht einmal aussprechen zu können. Ich begreife ihre Qual; aber sie ist heilsam; und ich hoffe, dieses Land wird sich zur höheren Freude einer Harmonie der Rassen erheben, die ganz Europa zum Vorbild dient. In diesem Gewitter möge die Schweiz aufragen als eine Insel der Gerechtigkeit und des Friedens, wo, wie in den Stammklöstern des frühen Mittelalters, der Geist eine Zuflucht findet gegen die entfesselte Gewalt, so dass dort die ermatteten Schwimmer aller Nationen an Land gehen, alle diejenigen, die müde werden des Hasses und, trotz der Schandtaten, die sie gesehen und erlitten haben, nicht aufhören, alle Menschen als ihre Brüder zu lieben.

Ich weiss, solche Gedanken finden kaum viel Gehör in diesen Tagen. Das junge Europa, das im Schlachtenfieber loht, wird verächtlich lächeln und seine Wölflingszähne fletschen. Aber sobald der Fieberanfall vorüber ist, wird es wundgeschlagen darniederliegen und vielleicht etwas weniger stolz sein auf seinen raubtierhaften Heroismus. Im übrigen spreche ich ja nicht, um zu überzeugen. Ich spreche, um mein Gewissen zu entlasten ... Und ich weiss, damit entlaste ich auch tausend und abertausend Herzen, die in allen Landen nicht reden können oder nicht zu reden wagen.

Die hier abgedruckte Übersetzung stammt aus: Rolland, Romain: Der freie Geist. Übertragen von Paul Ammann und M. Bertels. Zürich 1946. S. 80–94.

1 Zweig, Stefan: Romain Rolland. Der Mann und das Werk. Frankfurt a. M. 1921. S. 48.
2 Rolland, Romain: Journal des années de guerre 1914–1919. Notes et documents pour servir à l'histoire morale de l'Europe de ce temps. Paris 1970. Bd. 1, S. 32.
3 Ebd., Bd. 2, S. 442.
4 Russisch-Japanischer Krieg 1904–1905.
5 Wilhelm Wundt, 1832–1920, deutscher Psychologe, Mitbegründer der Völkerpsychologie.
6 Henri Bergson, 1859–1941, französischer Philosoph.
7 K. L., 1856–1915, deutscher Historiker.
8 Edmond Perrier, 1844–1921, französischer Zoologe.
9 Gustave Hervé, 1871–1944, französischer Publizist und ehemals antimilitaristischer, sozialistischer Politiker.
10 Karl Liebknecht, 1871–1919, sozialdemokratischer Politiker. Engagement gegen den Krieg in der «Gruppe Internationale». Fussnote Rollands vom Januar 1915: «Liebknecht hat späterhin ruhmreich sein Ehrenschild reingewaschen von dem Makel der Kompromisse, wie er seiner Partei anhaftet. Ich spreche ihm meine Bewunderung aus.»
11 Ludwig Frank, 1874–1914, Reichstagsabgeordneter der SPD. Meldete sich als Kriegsfreiwilliger.
12 A. M., 1844–1924, Herausgeber der französischen Zeitung «Le Gaulois».
13 L. L., 1841–1927, 1910/11 italienischer Premierminister.
14 «Écrasons l'infâme!» Von Voltaire oft benutzter Ausruf in seiner Kritik an Absolutismus, Feudalherrschaft und an der katholischen Kirche.
15 Johann 't Serclaes von Tilly, 1559–1632, Feldherr des Dreissigjährigen Kriegs.
16 Marcel Prenant, 1893–1983, französischer Zoologe.
17 P. S., 1858–1926, Westschweizer, Professor für französische Sprache und Literatur an der ETH Zürich.
18 «Und wegen des Lebens die Gründe zum Leben verlieren.» Juvenal, Satiren 8,84.
19 Ernest Renan, 1823–1892, französischer Schriftsteller und Religionswissenschaftler. David Friedrich Strauss, 1808–1874, deutscher Theologe.
20 Dem französischen Minister und General Horace-François Sébastiani zugeschriebener Ausspruch nach der blutigen Niederschlagung des Novemberaufstands in Warschau 1831.

Annette Kolb

«Hätte man nur zehntausend hetzerische Journalisten zusammengetrieben und gehenkt»
In Dresden. Sechster und siebenter Brief an einen Toten. Leipzig 1915.

Annette Kolb (1870–1967) war die Tochter eines Münchner Gartenarchitekten und einer Pariser Pianistin. Das Verhältnis zwischen Deutschland und Frankreich nimmt in ihrem literarischen Werk eine zentrale Stellung ein. Während des Ersten Weltkriegs bemühte sich die Deutsch-Französin, als Vermittlerin zwischen den Ländern zu wirken. Schreibend versuchte sie, gegen Militarismus, Imperialismus und die Hetzereien in der Presse vorzugehen. Im Oktober 1914 erschien in der Zeitschrift «Zeit-Echo» der erste ihrer «Briefe an einen Toten», die Kolb an den 1911 verstorbenen Musiker Felix Mottl, eigentlich aber an ihr Gewissen richtete: «Es ist noch verfrüht (obwohl es weiss Gott nicht unpatriotisch ist), europäische Worte in unseren plombierten Ländern auszusprechen. Aber einer muss doch anfangen.»[1]

Grosses Aufsehen erregte ihr Vortrag «Die Internationale Rundschau und der Krieg», den Kolb am 25. Januar 1915 in Dresden auf Einladung der «Literarischen Gesellschaft» hielt. In der ihr eigenen Mischung aus Heldenmut und Naivität ergriff Kolb die Gelegenheit, sich kriegskritisch zu äussern. Ihr Buch «Wege und Umwege», in welchem sie sich gegen Völkerfeindschaft und den Rüstungswettstreit wandte, erschien erst nach der Einladung, sodass die Organisatoren den harmlosen Vortrag einer Romanschriftstellerin erwarteten. Vor dem Publikum im Dresdner Künstlerhaus warf Kolb der Presse der kriegführenden Länder Volksverhetzung vor. Ihre Äusserungen lösten im Saal Tumulte aus. Im hier abgedruckten Text, der im September 1915 in der pazifistischen Literaturzeitschrift «Die Weissen Blätter» veröffentlicht wurde, beschreibt sie ihren denkwürdigen Auftritt. Die «Weissen Blätter» wurden ab 1915 vom Elsässer Dichter René Schickele redigiert, einem guten Freund Kolbs, der im Oktober 1915 in die Schweiz emigrierte. Dort erschien die Zeitschrift ab April 1916 beim Zürcher Rascher Verlag.

Kolbs Stellung zwischen den Fronten galt beiden Lagern als verräterisch. 1916 belegte man sie in Deutschland mit einer Briefsperre und verbot ihr jegliche pazifistische Tätigkeit sowie ungenehmigte Auslandsreisen. Mithilfe ihrer Beziehungen konnte Kolb dennoch im Februar 1917 in die Schweiz ausreisen, wo sie bis nach Kriegsende blieb. Sie war sich bewusst, auch im Exil nur wenig ausrichten zu können, eilte aber trotzdem «wie die Windsbraut, auf Flügeln des Zorns»[2] in alle Redaktionen und publizierte im «Journal de Genève», in der «Friedens-Warte» und in der «Neuen Zürcher Zeitung». «Der ‹Friede›, ein Wort, das mich im Schlaf elektrisierte, war wie das grosse Los oder wie das Leben eines aufgegebenen Kranken immer eine Möglichkeit.»[3]

Ihr Engagement für die deutsch-französische Verständigung setzte Kolb Zeit ihres Lebens fort. Noch zweimal wurde sie in die Emigration getrieben: 1933 nach Paris, 1941 nach New York. In den Fünfziger- und Sechzigerjahren wurde sie für ihre Verdienste mit höchsten Auszeichnungen geehrt.

Im vorigen Frühjahr, mitten im Frieden, also im goldenen Zeitalter noch, forderte mich die Dresdener Literarische Gesellschaft zu einem Vortrag für den kommenden Winter auf. Gezeichnet Major Nicolai. Eine solche Einladung war mir neu. Aber der Januar 1915 lag ja in so weiter Ferne! Ich sagte also provisorisch zu.

Sehr erfreut war die Antwort. Und welches Thema gedachte ich zu wählen?

Ich nannte Irland, aufs geradewohl.

Irland war wie eine grosse, leere Urne, in die man viel hineinlegen konnte, wenn es wirklich dazu kommen sollte. Im übrigen hatte es ja eine gute Weile.

So kam der Sommer. Es kam der Krieg. Und jene Tage innerster Abkehr und Zerfallenheit, da sich der Einzelne einer Abgegrenztheit überwiesen sah, unentrinnbar wie die des Sarges; da er sehen musste, wie er dem Untergange standhielt und ein imaginärer Halt noch der sicherste schien.

In jenen selben Tagen kam ein Brief, um mich an den vergessenen Vortrag zu erinnern.

Blieb es bei Irland?

Nein.

In Anbetracht der Ereignisse sei ein anderes Thema gewiss vorzuziehen, schrieb der Major Nicolai. Und hatte ich meine Wahl getroffen?

Aber ich hatte keine Ahnung und stellte eine Bedenkfrist. Indessen rückte der Major ins Feld. Es war ein anderer Herr, der sich eine Weile später nach meinen Beschlüssen erkundigte. Dieser setzte nach Art der neuen Besen gleich viel geschäftiger ein und bedeutete mir, dass zwar in Anbetracht des Krieges die meisten Vorträge in diesem Winter ausfielen, er aber ... ich aber ... *mein* Vortrag aber ... und es folgte wieder die ergebenste Frage nach meinem Thema.

Ich hatte mich jetzt besonnen und schrieb zurück, dass es besser wäre, wenn er unterbliebe; denn wenn ich spräche, so könnte ich nur von dem Konflikt derjenigen reden, welche ausserstande seien, sich in die Tatsache des gegenwärtigen Krieges zu finden. Sonst hätte ich auf der Welt nichts zu sagen, was von genügendem Interesse wäre.

Jetzt erst kam Tempo in die Unterhandlung.

Wie interessant! schrieb der stellvertretende Herr.

Allerdings müsse er mich darauf aufmerksam machen, dass nicht über Politik geredet werden dürfe. In Dresden schon gar. Überhaupt die Dresdener! ... Jedoch ... Jedoch der stellvertretende Herr wollte nicht auf mich verzichten.

Über Politik wollte ich nicht sprechen, jedoch mein Thema eigne sich nicht.

Ihm persönlich sage es ausserordentlich zu, versicherte er. [...]

Noch am selben Tage fuhr ich ins Gebirge.

Kladderadatsch, 1915. Beide Kriegsparteien warfen den gegnerischen Zeitungen und Nachrichtenagenturen die Verbreitung von Falschmeldungen vor. Die grössten Agenturen waren die französische «Agence Havas», die britische «Reuter's Telegram Company» und die deutsche Agentur «Wolffs Telegraphisches Bureau», gegründet vom jüdischen Verleger Bernhard Wolff.

«Der offizielle Lügner. Diese Fantasie ist keine reine Erfindung, sondern eine Karikatur nach der Natur des niederträchtigen Herrn Wolff, der vor dem Krieg lange in Paris gelebt hat.»
Le Rire, 1915.

Es verweilte dort die Sonne über einem noch unbeschneiten Berg, dessen braune Hänge etwas von den Reflexen und dem warmen Hauch des Sommers zurückhielten, und das Auge vergass hier des Winters ganz und gar. Sommerlich lockte da auch die beschienene Bank auf der Höhe, die ich bestieg.

Tief unten, zu meiner Linken, lag jetzt im kalten Schatten das Dorf.

Also in Gottes Namen! dachte ich und zog ein kleines Heft und einen Bleistift hervor. [...]

In dem altväterischen Gasthaus unten waren zwei ostpreussische Offiziere mit schlecht verheilten Wunden zur Nachkur angekommen. Der eine hatte Jaurès[4] sprechen gehört, der andere hatte selbst Vorträge halten müssen; beide wählte ich eines Abends zu meinem Auditorium und las ihnen den meinen vor; sie fanden ihn unmöglich in allen Punkten und sagten es unverblümt. Es gelang ihnen sogar unverweilt eine Parodie desselben; die Gelegenheit schien einer Sonderbestellung von Kaffee und Kuchen durchaus würdig, es wurde viel gelacht; ich nahm an allem in liberalster Weise teil, aber in mir war das kalte Dorf. Denn los liess ich jetzt nimmer, fuhr am nächsten Morgen in die Stadt zurück und machte die ganze Arbeit von vorn. [...]

Schnell fuhr ich jetzt noch einmal in die Berge zurück und überraschte die beiden Ostpreussen durch meine Wiederkehr. Diesmal war auch eine Freundin zugegen. Es wiederholte sich jener Abend, nur dass nicht mehr gelacht wurde.

«Ich bin ja mit jedem Ihrer Worte einverstanden», sagte der ältere Offizier, «aber was glauben Sie, was Ihnen alles an den Kopf fliegen wird, wenn Sie den Leuten das sagen?»

«Sie haben tausendmal recht!» sagte der andere, «aber Sie werden nichts erreichen.

Es ist vergebens.

Es ist zu früh.»

Meine Freundin erbot sich, für den Kontraktbruch aufzukommen, wenn ich nur diesen Vortrag nicht hielt. Ausserdem schiene ich krank. Der Arzt würde nicht anstehen, mich für reiseunfähig zu erklären. Und wie schön sei es hier in dem verschneiten gemütlichen Gasthaus. Nein, ich dürfe nicht gehen; – sie fuhren mich im Schlitten einen Pass empor. Dort sah man in der Tat die Herrlichkeiten der Welt wie von der Zinne eines Tempels; und man war ihr abgewandt, der wahnsinnig grinsenden Todesfrage des Krieges; ferne den genarrten Menschen war man dem Leben nah.

«Sie werden sich selbst nur schaden», redete mir hier einer der Herren noch einmal zu, «ohne zu nützen. Es ist zu spät.»

Doch wie hätte ich – auf Ihre Zustimmung hin – ihrer Warnungen achten dürfen? «Tausendmal recht» und «mit jedem Worte einverstanden», waren dies nicht ihre Worte gewesen? Was blieb da übrig, als dass ich den Berg Tabor wieder herunterging, um dem gelben Winternebel entgegenzufahren, welcher die Stadt mit ihren elektrischen Bahnen und ihren Zeitungsplakaten umhing? [...]

Meine Koffer waren gepackt –, ich stand zur Abreise bereit, als eine Alarmdepesche des stellvertretenden Herrn eintraf, mit der Zumutung, ein zweites Manuskript für alle Fälle mitzubringen, weil das Generalkommando mein Thema vielleicht doch beanstanden würde. Jetzt noch zurücktreten? – Ich dachte nicht daran. Höchstens auf einen zweiten Titel für ein und denselben Vortrag wollte ich mich unterwegs besinnen, kaufte auch schnell ein Heft, um es zwischen München und Dresden mit einer unleserlichen Schrift zu überziehen. Die übrige Zeit lernte ich auswendig, als gelte es mein Leben. [...]

Alle waren versammelt, vertrieben sich plaudernd die Zeit, und es fehlte nur ich. Befrackt – und unruhig, und doch beglückt, eilte mein Ritter durch die Gänge auf mich zu: das Generalkommando hatte soeben den Vortrag bewilligt. Es war also richtig niemandem eingefallen, ihn mir vorher abzufordern. Aber wie ein anderer Benvenuto Cellini[5] hatte ich stets gewusst, ohne zu wissen, dass es so kommen würde. Im Künstlerzimmer wartete auch schon ein älterer Herr, um mir in aller Form das Honorar zu überreichen. Ich unterschrieb – schob es in meinen Muff, und mein Ritter –, ritterlich zum letzten Male, bot mir den Arm. Es war ein Weg, den ich aber lieber allein ging, hatte ich doch keinen einzigen Freund, keinen einzigen Bekannten im Publikum geduldet. Ich dankte also.

Es sei Zeit, sagte er zurücktretend. Da stieg ich schnell die paar Stufen hinauf und öffnete die Türe des Saales. – Doch unwillkürlich machte ich eine Geste und betrat ihn wie einen Salon. Denn angesichts dieser versammelten Menschen überkam mich, zwischen Türe und Pult, mir selber unerwartet – statt Befangenheit, das grösste Sicherheitsgefühl meines Lebens. Es verliess mich auch dann nicht, als ich vor meiner Stimme erschrak. Die Gesichter waren deutlich erkennbar: ein Mädchen und ein junger Mann, Geschwister, wie mir schien, ein Herr in Uniform, einer, dessen weisse Haare hervorstachen, zwei andere in mittleren Jahren, mir schon von der zweiten Seite an abhold. In den vorderen Reihen ältere Damen. Ich hielt mich an die jungen Gesichter. Sie zeigten Interesse, wohlwollende Neutralität.

Dass zu Anfang des Krieges Selbstzufriedenheit und ein gewisses Selbstlob herrschten, sagte ich, war wohl unerlässlich. Aber inzwischen hat sich die Luft Europas durch dieses Verfahren bedeutend verschlechtert. Man redet voneinander, als gedachte man nie wieder miteinander auszukommen, und dies ist nicht die Lehre, die wir aus der furchtbaren Prüfung dieses Krieges ziehen sollen, noch liegt hier Pietät für die Gefallenen. Umsonst sind heute die Erschlagenen, die nichts mehr wissen von unserem Hader und gemeinsam das Schattenreich bevölkern, wenn sie den Hass nur besiegelten.

«Sie verstehen gar nichts!» schrie einer.

Ich achtete dessen nicht. Niemand, sagte ich, mit meiner Kette spielend, gerät in Friedenszeiten auf den Gedanken, die Verbrecherstatistiken anzurufen, um den Geist einer Nation zu beschreiben. Heute sollen mit einem Male solche Verwechslungen richtig, erlaubt, erwünscht sein! Wir müssen das Bleibende im Charakter einer Nation vor so niedrigen Berührungen verteidigen ...

«Wie anders ist die Haltung der Offiziere! Nichts ist ihnen peinlicher als der Gedanke, man könnte annehmen, sie hätten keine ehrenhaften Feinde! Und der Takt so manchen Pfahlbürgers hat schon durch eifriges Forschen nach den Ungesetzlichkeiten und Greueln der Gegner peinlichen Schiffbruch erlitten.»

Es waren die zwei Sätze, die Ariel[6] mir geschenkt hatte.

Doch nichts vermochte mehr die frostige Atmosphäre zu heben. Ich suchte die lichteren Gesichter und konnte sie nicht mehr finden. Lag es an mir, oder hatten sie sich von mir abgewandt? Ich war allein; auf meinem Podium wie auf einer Klippe; unter mir eine kalte unruhige Flut. Es missfällt ihnen alles, dachte ich resigniert; aber nur Mut! Jetzt kam schon die vorletzte Seite und dann war's überstanden.

So können wir gar nicht verstehen, sprach ich frei und brauchte keinen Blick in das Heft zu werfen, dass die Völker sich allesamt ihre hetzerische Presse noch gefallen lassen. Wann werden die Vertreter der würdigen Blätter dagegen protestieren, dass solche Mörder der Gesellschaft sich ihre Amtbrüder nennen? Regierungen hat man davongejagt, aber der Herausgeber eines Hetzblattes thront wie ein Gesalbter des Herrn auf seiner Redaktion. Argwöhnisch wird das Tun eines Monarchen verfolgt, wer aber hat es gewagt, gegen den Matin einzuschreiten, der, schlimmer als eine russische Knute, Wahrheit, Vernunft und Mässigung unterdrückt. Aber in jedem Lande gibt es Erscheinungen, welche dem Matin nacheifern ...

«Infamie!» schrie ein Getroffener auf. Der Mann mit den weissen Haaren war vom Stuhle gesprungen. «Eine unerhörte Gemeinheit!» rief er laut durch den Saal und ihn quer durchschreitend, ging er empört zur Türe. Ich weiss nicht, ob er ihn verliess. Ein dritter hatte sich von seinem Platz erhoben und schleuderte jetzt in den hohen Wellengang eine Rede aus dem Stegreif gegen mich. Ich sah einen bärtigen Kopf, von Hass entstellt, und sah ihn so deutlich, dass mich eine Ruhe, eine Genugtuung, eine Kühle überkam, wie aus der Tiefe eines Ziehbrunnens emporgeweht, und ich diesen Wutausbruch als eine Ehrung entgegennahm. Denn ich hatte ja recht, und was ich sagte, war ja wahr. Hätte man nur zehntausend hetzerische Zeitungsschreiber aus allen Ländern zusammengetrieben, dachte ich geradeaus starrend, hätte man nur zehntausend von diesen Erzfeinden zusammengetrieben, die ihre finstere Gewalt über die urteilslose Masse missbrauchen, in allen unseren

Ländern den gesunden Kreislauf im Blute unserer Völker unterbanden, und wo immer diese überzugreifen und nach Ergänzung strebten, hintanhielten und endlich zurückwarfen, weiss der Teufel auf wie lange, hätte man sie nur rechtzeitig zusammengetrieben, die heute weiterkläffen von allen Ufern des roten Meeres, das gespeist wird von dem Blute Millionen Unschuldiger, so hätte man heute nicht in allen Ländern, welche dieses rote Meer umgrenzen, man hätte heute nicht das Schauspiel junger Krüppel, junger Blinder, überfüllter Narrenhäuser, zu Greisen geschlagener Jünglinge, und gute friedliche Völker, die sich liebten, ja, die sich liebten, sie, die sich liebten, hätten nie daran gedacht, sich Leid zuzufügen ohne Euch, die Ihr Euch hergabt zu Urhebern aller Greuel, indem Ihr sie erzähltet, wo Ihr sie nicht erdichtetet, so dass sie gleich alle als «Repressalien» entstanden! Ja, hätte man zehntausend hetzerische Journalisten aus unseren Ländern zusammengetrieben und gehenkt, o wie viel wertvolle, hoffnungsvolle Menschen wären in all diesen Ländern heute am Leben! Statt dessen seid Ihr es, die Ihr noch lebt, die Ihr den Glauben an die Menschheit und an die menschliche Güte vergiftet habt, die Ihr einer bösen Schwäre gleich Europa von einem Ende zum anderen überzieht, Ihr, die Hetzer, die Mitschuldigen an diesem Kriege, deren Knochen, wie die der Schächer hätten zerbrochen werden sollen, bevor wir zuliessen, was jetzt geschieht! –

Aufgewühlt von solchen Gedanken, starrte ich geradeaus, während der Mann seine Gegenrede hielt. Aus groben Platituden zusammengesetzt und im wüstesten Zeitungsstil gehalten, war sie doch von grosser Geläufigkeit und schloss sehr wirksam mit der Aufforderung, ich sollte doch hinabsteigen in die Gräber, um mich von den Verstümmelungen und ausgestochenen Augen, an die ich nicht glaubte, zu überzeugen; für eine so billige Emphase heimste er dann den ganzen, schönen, ursprünglich für mich gedachten Applaus für sich selber ein.

Aber der jungen Schauspielerin[7] eingedenk, trat ich zwei Schritte vor und bestand auf meinem Recht, zu Ende zu reden. Doch siehe: mein Ritter war's, welcher da mit offenem Visier auf das Podium stürzte und mit gesenkter Lanze an meine Seite stob, um jede Verantwortung für meinen Vortrag weit von sich zu weisen. Hätte er geahnt ... und er berief sich jetzt auf das Generalkommando, welches auch nicht geahnt hatte. [...] Das Dresdener Publikum hingegen erhob er jetzt zum Richter über mich, auf dass es entscheide, ob ich zu Ende reden dürfe oder nicht.

Nun waren Jarufe die erste Antwort auf diese Frage; sie wurden aber sofort von wütenden «Nein» niedergeschrien, und was jetzt entstand, darüber konnte kein Zweifel sein, war ein regelrechter Tumult. Und sah ich recht? – ballte da wirklich ein ehrenwerter Herr die Fäuste gegen mich?

Mein Staunen war grenzenlos. Trotz aller Warnungen meiner Freunde und ihrer so bestimmten Prophezeiungen über die unausbleiblichen Folgen meines Tuns stürzte ich von allen Höhen angesichts des Sturmes, den ich heraufbeschwor. Offen gestanden hatte ich mir – nie ernsthaft natürlich, aber im Moment der Müdigkeit und zur Kurzweil – hatte ich mir ausgemalt, wie ein rabiater Reporter mir auflauern würde und ich wie Brutus vor der Türe zusammenbrechen, hierdurch aber die gute Sache unendlich fördern und den grossen internationalen Generalstreik gegen jegliche Hetze sogleich und überall beschleunigen würde. Ja, sogar der Möglichkeit einer kleinen Gedenktafel hatte ich schon in Gedanken vorgegriffen, nur die eines Tumultes hatte ich nie erwogen, und ich fiel von allen Himmeln, als er einsetzte. Denn ich hatte ja recht. Und was ich sagte, war ja wahr. Indessen war die Situation auch für den Unbelehrbarsten nicht zu verkennen: eine wüste Skandalszene, als deren Mittelpunkt ich hier oben stand inmitten einer gegen mich gerichteten Majorität, oder, falls es eine Minorität war, machte sie jedenfalls den grösseren Spektakel, so dass sie einer Majorität gleichkam. Kurz entschlossen griff ich da zu meinem Heft, nahm meinen Muff und ohne einen Gruss (hätte ihn doch gerade der mit den geballten Fäusten für sich nehmen können!) verliess ich das Podium und war fort. [...]

Ein Stein, der mich fast erdrückte, war von meinem Gewissen fortgewälzt, und ich hatte mir eine Lichtung inmitten des Gestrüpps und einen Weg erfochten. Dies und noch etwas anderes.

Nie ist der Mensch so wahrhaft er selbst wie in Momenten, in denen er, seiner selbst kaum mehr bewusst, nicht mehr weiss, dass er Augen hat und ein Gesicht und nichts mehr von seinen Händen weiss und gleichsam ohne Füsse wandelt. Und nie ist er doch so restlos *er selbst* – wer erklärt mir das?, – als wenn eine Idee ihn allem Persönlichen so weit entreisst, dass er – nur mehr ein Kleiderfetzen, nur ein Schemen mehr – dennoch höchster Wollust des Seins teilhaft wird, während er doch in solchen Augenblicken sein Leben, schier ohne es zu merken, verlöre.

Die Laternen brannten noch, als ich zur Station fuhr, und als die Dresdener sich ihres Morgenkaffees erlabten und ihre Morgenzeitung entfalteten, stieg ich schon am Anhalter Bahnhof aus.

---

1 Kolb, Annette: Briefe einer Deutsch-Französin. Berlin 1916. S. 12.
2 Kolb, Annette: Zarastro. Westliche Tage. Berlin 1921. S. 71.
3 Ebd., S. 127.
4 Jean Jaurès, 1859–1914, französischer Sozialist.
5 B.C. 1500–1571, italienischer Bildhauer, Beging mehrere Morde, entging aber immer wieder der Hinrichtung.
6 Ein Freund Annette Kolbs, der ihr bei der Vorbereitung des Vortrags geholfen hatte.
7 Eine Schauspielerin gab Kolb vor dem Vortrag Tipps für einen überzeugenden Auftritt.

Richard Grelling

«Wehe den Herrschern, die die Stimme der Völker nicht hören wollen»
J'accuse! Lausanne 1915.

«Blasphemie», «eine Anhäufung schwerer Fälschungen», «verlogener Unsinn»: Dies nur einige Kommentare zeitgenössischer Leser zu Richard Grellings Anklageschrift «J'accuse!»[1], in welcher der Berliner Rechtsanwalt und Schriftsteller die Kriegsschuld Deutschlands zu beweisen versuchte. Als «Verbrecher», «Entente-Anwalt» und «entarteter Sohn seines Landes» wurde Grelling bezeichnet.[2] Selbst sein Sohn sah sich veranlasst, der «Lüge und Verleumdung»[3] entgegenzutreten und veröffentlichte die Schrift «Anti-J'accuse» (1916).

Richard Grelling (1853–1929) engagierte sich seit den 1880er-Jahren in der deutschen Friedensbewegung. 1892 gründete er mit Bertha von Suttner und Alfred Fried die «Deutsche Friedensgesellschaft» und fungierte mehrere Jahre als Vizepräsident und Geschäftsführer. 1894 publizierte er die viel beachtete Schrift «Quosque tandem!» (1894), in der er ein internationales Abkommen zum Rüstungsstopp forderte. Ausserdem setzte sich Grelling für die Einführung der internationalen Schiedsgerichtsbarkeit ein. Seit 1903 lebte er zurückgezogen auf einem Landgut bei Florenz, kehrte aber bei Kriegsausbruch nach Berlin zurück. Grelling hegte keinen Zweifel daran, dass Deutschland einen absichtlich herbeigeführten Angriffskrieg führte. Mehrere Politiker des linken Flügels der SPD überzeugten ihn, diese Ansicht in einem Buch darzulegen. Für dieses heikle Unterfangen zog Grelling nach Zürich. Anonym veröffentliche er sein Werk im April 1915 beim Lausanner Verlag «Payot». Grelling legte nicht nur seine Meinung zur Kriegsschuldfrage dar, sondern forderte auch die Vernichtung des preussischen Militarismus und die Errichtung einer deutschen Republik.

«J'accuse!» wurde ein Grosserfolg. Es erschien in mehreren Spra-

chen und wurde innert Jahresfrist rund 30000-mal verkauft. Der Entente diente es als Propagandamaterial. Über Umwege gelangte das Buch auch nach Deutschland, wo es verboten worden war. Der grossen Mehrheit der Bevölkerung galt Grelling, dessen Autorschaft schnell bekannt wurde, als verabscheuungswürdiger «Soldschreiber des Feindbundes»[4]. Im Mai 1918 wurde er in Abwesenheit des Landesverrats angeklagt.

Grelling blieb während des Kriegs in Zürich, arbeitete für die in Bern erscheinende pazifistische «Freie Zeitung» und engagierte sich in der «Vereinigung deutscher Republikaner», einer Gruppe deutscher Pazifisten. Auch in der Zwischenkriegszeit setzte er seine publizistische Tätigkeit zur Aufarbeitung der Kriegsschuld fort, stiess aber nach wie vor auf grossen Widerstand. Als Sachverständiger des parlamentarischen Untersuchungsausschusses wurde er abgelehnt. Mit der wachsenden Kritik am Versailler Vertrag wuchs auch die Isolation Grellings. Früh erkannte er, dass die Unschuldspropaganda zu neuer Kriegsgefahr führte, doch die Warnung, die er in seinem Werk «Videant Consules» (1926) aussprach, blieb ungehört. Aus heutiger Sicht ist Grelling als Vordenker des Historikers Fritz Fischer anzusehen, der in seinem bekannten Buch «Griff nach der Weltmacht» (1961) zu ähnlichen Thesen gelangte.

Indem ich nachstehend die Anklagepunkte zusammenstelle, welche die ausschliessliche Schuld Deutschlands und seines Bundesgenossen Österreich-Ungarn an dem Weltkriege dartun, bin ich mir wohl bewusst, mich der abfälligen Kritik eines grossen Teils des deutschen Publikums auszusetzen, welches es für patriotische Pflicht erklärt, sich der Wahrheit zu verschliessen oder, wenn man sie erkannt, sie während der Dauer des Krieges zu verheimlichen.

Nur aus diesen beiden Gesichtspunkten heraus ist der augenblickliche Geisteszustand eines so hoch intelligenten Volkes wie des deutschen zu verstehen. Der am 31. Juli proklamierte «Kriegszustand», welcher das geistige Leben Deutschlands unter die Oberaufsicht von Generälen gestellt hat und noch heute, nach über sechs Monaten, sorgfältig die Grenzen bewacht, damit nur ja kein Hauch fremden Geisteslebens, fremder Auffassungen, die die deutsche Einigkeit stören, fremder Urkunden und Beweismittel, die dem deutschen Volke ein Licht aufstecken könnten, ins Land dringe – dieser Kriegszustand hat es zuwege gebracht, dass neun Zehntel aller Deutschen blind den geschickt geprägten Phrasen von der «aufgedrungenen Notwehr», dem «Kampfe für unsere Freiheit und Kultur gegen Überfall und Unterdrückung» gefolgt sind. «Die Franzosen und Russen sind bereits über die Grenzen gedrungen» – «Das Vaterland ist in Gefahr» – «Man will uns demütigen» – «Mitten im Frieden überfällt uns der Feind» – «Um Sein oder Nichtsein unseres Reiches handelt es sich» – «Unsere heiligsten Güter, das Vaterland, den eigenen Herd gilt es gegen ruchlosen Überfall zu schützen» – «Wir kämpfen um die Früchte unserer friedlichen Arbeit, um das Erbe einer grossen Vergangenheit und um unsere Zukunft.» Mit diesen und ähnlichen Phrasen (die sämtlich den offiziellen Schriftstücken entnommen sind) hat man in *bewusster Absicht* das deutsche Volk betört, seinen Patriotismus entflammt und es zu unsagbaren, ungeheuerlichen Opfern an Gut und Blut begeistert. [...]

Wenn man es nicht täglich gedruckt läse, man würde es nicht glauben, dass deutsche Intellektuelle sich und dem deutschen Volke einreden könnten, die deutsche Kultur sei in Gefahr und müsse mit Zeppelinen und 42 cm-Geschützen verteidigt werden.

Die «Kriegsneurose» ist wahrhaft epidemisch geworden, wie im Mittelalter der Veitstanz und das Flagellantentum. Wie die Derwische im Orient stundenlang dieselben Gebetsformeln ausstossen und dieselben gymnastischen Bewegungen mit Armen und Beinen und Rumpf vollführen, bis sie schliesslich betäubt, den Schaum vor dem Munde, niederfallen, so wiederholen die deutschen Gelehrten nun seit Monden dieselben patriotischen Litaneien, dieselben beweislosen Behauptungen, deren *Gegenteil* aber bewiesen ist, recken sich beständig mit Armen und Beinen und Rumpf in die Höhe, bis sie und ihr Volk – nach ihrer Meinung – alle anderen Völker der Erde überragen und, wenn nicht gottähnlich, so doch zum mindesten das auserwählte Volk Gottes werden; sie betäuben sich an ihren eigenen Phrasen, bis ihnen der patriotische Geifer vor dem Munde steht und sie anbetend vor sich selber niedersinken ... Aber sie werden aus ihrer Betäubung dereinst erwachen, und auf den wilden Rausch wird ein fürchterlicher Katzenjammer folgen.

Diese Schrift ist dazu bestimmt, das Erwachen zu beschleunigen. Dies halte *ich* für patriotische Pflicht: denn je länger der Rausch dauert, um so schlimmer die Folgen für den deutschen Volkskörper, um so schwerer und schrecklicher das Erwachen. Nur die bessere Einsicht in die Ursprünge und Zwecke dieses Krieges, nur die Erkenntnis der Schuld und die Verantwortung für diesen Krieg kann eine Wendung zum Besseren herbeiführen. [...]

Wie soll das enden? Im glücklichsten Falle als *partie remise* – mit einem Kriegsende, welches für beide Teile vollständige Erschöpfung an Menschen und Gütern, für keinen Teil aber den Sieg bedeutet.

Das ist nach meiner festen inneren Überzeugung das günstigste, was für Deutschland noch zu erwarten ist. Einen Ausgang, der mehr oder weniger als Sieg bezeichnet werden könnte, halte ich für ausgeschlossen. Und je länger der Krieg dauert, um so mehr verschwinden die Chancen für diesen relativ günstigen Ausgang, um so mehr erhöhen sich die Wahrscheinlichkeiten für eine Entwicklung, die, wenn auch keine entscheidende Niederlage Deutschlands, so doch eine überwiegende Erschöpfung seiner Hilfsmittel im Vergleich zu den Gegnern darstellt und daher notwendig die Friedensbedingungen ungünstiger als jetzt gestalten muss. [...]

Noch können wir einen ehrenvollen Frieden erlangen. Wenn wir ihn freiwillig suchen von unserer Seite, so werden wir einen kleinen Teil von dem Unrecht sühnen, welches wir durch die Heraufbeschwörung dieser Weltkatastrophe begangen haben, von dem Unrecht, welches uns den Hass und Abscheu der gesamten civilisierten Welt, nicht bloss unsrer Gegner, auch der Neutralen zugezogen hat. [...]

Nicht Missgunst, Neid und Lügen haben uns die Sympathien in der Welt verscherzt, unsre eigenen Handlungen sind schuld daran. Das

Ausland, vor allem das neutrale, weiss besser als das deutsche Volk, wie die Dinge gekommen sind und wer die Schuld an der Weltkatastrophe trägt. Das neutrale Ausland kennt zur Genüge unsre inneren politischen Zustände. Es weiss, dass wir unter konstitutioneller Maske tatsächlich absolutistisch regiert werden. Es hat noch kürzlich gesehen, dass ein deutscher Reichskanzler, dem drei Fünftel des Parlaments ein Misstrauensvotum ausgestellt, unerschüttert, von Hof- und Militärkreisen gestützt, sein Amt fortführen darf[5] – ein Vorgang, der, abgesehen von Russland, in keinem civilisierten Lande mehr möglich ist. Es weiss, dass das preussische Volk politisch rechtlos ist und von einer kleinen Clique von Junkern regiert wird, die alle hohen Stellungen in Regierung und Heer in Erbpacht genommen haben.

Es weiss vor allem aber auch – und jetzt komme ich zu dem entscheidenden Punkte meiner Ausführungen –:

dass dieser Krieg von Deutschland und Österreich längst geplant und vorbereitet worden ist, nicht bloss militärisch, sondern auch politisch;

dass man seit langem entschlossen war, diesen Angriffskrieg dem deutschen Volke als einen Befreiungskrieg darzustellen, weil man wusste, dass man nur so die nötige Volksbegeisterung erwecken könnte;

dass das Ziel dieses Krieges die Erlangung der Hegemonie auf dem Festland und im weiteren Verlauf die Eroberung der Weltmachtstellung Englands sein sollte nach dem Grundsatze: ôte-toi de là que je m'y mette. [...]

Offiziös aber und insgeheim unter vier Augen kann man von vielen Deutschen die Begründung hören: Wir *sind* zwar nicht überfallen, aber wir *wären* später einmal überfallen worden, wenn wir den Krieg nicht jetzt in einem uns günstigen Moment begonnen hätten. Wenn man dann weiter nach Beweisen für diese Hypothese fragt, so schweigen die meisten oder erklären den beabsichtigten Überfall für so sonnenklar, dass er gar keines Beweises bedürfe. «Wozu die grossen Rüstungen?» heisst es meistens. Und *unsere* Rüstungen, erwidere ich darauf, die doch grösser und umfassender als in irgend einem Lande der Welt waren? Hat sich je ein Land im Frieden, wie wir 1913, zu einer plötzlichen Erhöhung der Friedenspräsenzstärke um 140 000 Mann von 720 000 auf 860 000 Mann, zu einer ausserordentlichen Wehrsteuer von 1 Milliarde Mark verstiegen? «Wozu die Entente, die berühmte Einkreisung, wenn man uns nicht überfallen wollte?», heisst es dann weiter. Wozu die Triple-Allianz? erwidere ich darauf, die noch *engere* Verpflichtungen als die Entente enthielt und trotzdem nach unserer Behauptung einen defensiven Zweck verfolgte. «Ja, die Panslavisten!» hält man mir entgegen. Und die Pangermanisten? erlaube ich mir zu erwidern. Sind unsere Alldeutschen, unsere Völkischen, unsere Pangermanisten à la Treitschke und Bernhardi[6] etwa besser oder weniger aggressiv als die Panslavisten? Solche Pan-Richtungen existieren in allen Ländern. Sie sind solange unschuldig, als sie nicht zu Taten schreiten. Die entscheidende Tat aber haben unsere Pangermanisten begangen, als sie uns in diesen schrecklichen, von ihnen gewollten und offen proklamierten Krieg hineintrieben. [...]

England soll neidisch sein auf unsere Handelsentwicklung. Neid ist eine Gesinnung, aber keine Handlung. Ebenso wie ich niemanden zur Liebe zwingen kann, so kann ich ihm Neid oder Hass nicht gewaltsam austreiben. Es muss mir genügen, wenn er diese bösartigen Gesinnungen nicht in Handlungen umsetzt, wie ja auch ich es mir nicht gefallen lassen würde, wegen meiner blossen Gesinnungen von dem Nachbarn zur Rechenschaft gezogen zu werden. Gesinnungen sind eben zollfrei und selbst im reaktionären Preussen steht jedem Staatsbürger verfassungsmässig das Recht zu, nicht nur Gesinnungen zu haben, welche er wolle, sondern sie auch «durch Wort, Schrift und Druck» frei zu äussern. Das Strafgesetzbuch bestraft nicht den blossen Willen zur Tat, sondern (mit wenigen Ausnahmen) nur den *Versuch* der Tat, welchen es als «Anfang der Ausführung» definiert.

Wo, wie und wann hat England je versucht, seinen Neid gegen Deutschland in die Tat umzusetzen, das heisst: Deutschland anzugreifen? Nie und nirgends. Nicht *eine* Handlung Englands ist nachweisbar, aus der die Absicht eines militärischen Angriffes auf Deutschland, in

Gemeinschaft mit seinen Ententegenossen, hergeleitet werden könnte. Diplomatische Unterstützung Frankreichs beim Marokkokonflikt – ja! Aber das war Englands gutes Recht und sogar seine Pflicht, auf Grund des englisch-französischen Abkommens betreffend Ägypten und Marokko. Und hat denn unser Bundesgenosse Österreich nicht auch zu uns gehalten in diesem Konflikt? Haben wir nicht zu Österreich gehalten in allen orientalischen Streitfragen? Weshalb soll die diplomatische Unterstützung einer befreundeten oder verbündeten Macht in dem einen Falle defensiv, im anderen Fall aber aggressiv sein? Ist England nicht frei, bei diplomatischen Verhandlungen seine Interessen und seine Verpflichtungen nach eigenem Ermessen zu beurteilen, wie wir es unseren Interessen und Verpflichtungen gegenüber tun? Noch einmal: *Wo bleibt der Nachweis aggressiver Absichten Englands gegen uns?* [...]

Der leitende Geist des Dreiverbandes war unbestritten England. Das wird uns täglich in allen Tonarten, zuletzt noch in aller Schärfe vom Reichskanzler in der Sitzung vom 2. Dezember, vorgetragen und beruht auch auf Wahrheit. Wenn aber dieser leitende Geist seit fast einem Jahrzehnt nichts anderes erstrebt hat als Frieden und Verständigung mit Deutschland, wenn die beiden anderen Ententemächte nie auch nur im geringsten die Absicht kundgegeben oder betätigt haben, die friedensstiftende Initiative ihres politischen Freundes zu hemmen oder zu unterdrücken, wenn sie im Gegenteil auch ihrerseits durch konziliantes Verhalten bei grossen und kleinen diplomatischen Konflikten (Marokko, Balkankrieg, Potsdamer Abmachungen von 1911 u.s.w.) in unverkennbarer Weise ihren Friedenswillen zum Ausdruck gebracht haben, so dürfte die Schlussfolgerung nicht gewagt sein: *die Triple-Entente ist ein Defensiv-Bündnis gewesen und hat keinerlei aggressive Absichten gehabt.* Wer das Gegenteil behauptet, möge Beweise bringen. Diese Beweise hat selbst der Reichskanzler in seinen beiden Reichstagsreden nicht zu erbringen vermocht. Man wirft den Ententemächten übelwollende Gesinnungen gegen Deutschland vor, führt aber keine Handlungen an, welche aus solchen Gesinnungen geflossen wären. Neid, Hass, Rassenantipathie und Rachelust, – all diese schönen Herzenseigenschaften werden unseren Gegnern nachgerühmt, aber nicht eine einzige *Handlung* kann ihnen vorgeworfen werden, durch die sie ihre Gesinnungen in die Tat umgesetzt hätten. [...]

Die Bestrebungen und die Gefährlichkeit der Kriegspartei, welche ihr Manöverfeld ausschliesslich in Norddeutschland und ihr Hauptquartier am Berliner Hofe hatte, habe ich bereits früher gekennzeichnet. Die Führer jener Kriegspartei waren meist Generäle, welche die Musse ihrer Pensionsjahre zu einer Art militärischer Organisation ihrer Truppen benutzten und durch Wort und Schrift das deutsche Volk auf den Krieg vorbereiteten, den sie, weil *sie* ihn wollten, für unvermeidlich erklärten. Neben den bestehenden Flottenvereinen hatten sie im Jahre 1912 einen «Wehrverein» gegründet, welcher dazu bestimmt war, die friedlichen Strömungen im deutschen Volke zu bekämpfen, für eine Vergrösserung des Landheeres Stimmung zu machen und das Volk allmählich an den Gedanken eines europäischen Krieges zu gewöhnen. Die natürliche Hilfstruppe dieser Herren waren ihre Standes- und Berufsgenossen, der Land- und Militäradel, welcher von jeher den preussischen Staat beherrscht und den König von Preussen als sein Oberhaupt betrachtet hat. Die wachsende Demokratisierung Deutschlands, welche sich soweit schon verstiegen hatte, einem Reichskanzler und preussischen Ministerpräsidenten ein Misstrauensvotum zu erteilen und die Zivilgewalt im Elsass gegen die Militärgewalt in Schutz zu nehmen[7] –, das beständige Anwachsen der sozialdemokratischen Stimmen und ihrer Vertreter im Parlament –, die steigende Industrialisierung Deutschlands, welche die wirtschaftliche und gesellschaftliche Geltung des Landadels immer mehr zurückzudrängen drohte – alle diese Erscheinungen waren den preussischen Junkern ein Gräuel und hatten in ihren Kreisen eine Stimmung erzeugt, die man in den Gedanken zusammenfassen kann: so kann es in Deutschland nicht weitergehen und –, da im Frieden eine Besserung in unserem Sinne nicht zu erreichen ist, so muss eben ein frischer, fröhlicher Krieg unsern Nöten Abhilfe schaffen.

Die Junker bildeten von je die Kerntruppe der preussischen Kriegspartei. In neuerer Zeit aber hatten sich verschiedene Hilfstruppen zu ihnen gesellt: Kolonialschwärmer, die dem törichten Wahne territorialer Expansion als dem Ventil für unsern wirtschaftlichen und menschlichen Überschuss nachjagten, – Ideologen, nach deren beschränkten Anschauungen Deutschland an der Spitze der Zivilisation marschiert und daher deutsche Kultur die Welt zu beherrschen den Anspruch hat, – Diplomaten, die ihre eigenen Fehler nicht verschmerzen konnten und nach Revanche für Algeciras und Agadir[8] schrieen, – vor allen anderen selbstverständlich die Kanonenkönige und Panzerplattenfabrikanten, die mit ihren reichen Mitteln nicht nur die inländische, sondern auch die ausländische Hetzpresse unterstützen konnten – alle diese teils interessierten, teils verblendeten Elemente, Verführer und Verführte, bildeten eine festgeschlossene Truppe, welche unter militärischer Führung, mit echt preussischer Disziplin auf Kommando einschwenkte und unverrückbar auf ihr Ziel losging. [...]

Die Anklage geht dahin, dass die Kaisermächte den von ihnen längst vorbereiteten und gewollten Krieg im Sommer 1914 *absichtlich herbeigeführt* haben, weil sie den Moment zum Losschlagen für besonders günstig hielten. Dieses Mal handelte es sich nicht, wie in den früheren Jahren, um irgendeine mesquine Hafen- oder Küsten- oder Territorialfrage am Balkan, welche die öffentliche Meinung nicht interessieren und die Völker nicht zur Begeisterung entflammen konnte, – es handelte sich um den Mord eines Erzherzogs und seiner Gemahlin, also um ein tragisches Ereignis, welches die Empörung der ganzen Welt erwecken und alle Sympathien – so rechnete man – den Mächten verschaffen musste, die als Rächer solcher Missetat auftraten.

Man hatte also zunächst einmal den *moralischen* Erfolg auf seiner Seite. Aber auch des *militärischen* Erfolges glaubte man sicher zu sein. Gerade in diesem Augenblick waren gewisse Erscheinungen ans Licht getreten, aus denen man die Desorganisation der französischen und die mangelhafte Vorbereitung der russischen Armee schliessen zu können glaubte. Die Enthüllungen des Senators Humbert[9] hatten soeben erst schwere Mängel in der französischen Armee offengelegt und die russische Armee glaubte man – abgesehen von ihrer mangelhaften

Vorbereitung – auch noch durch innere Unruhen geschwächt und in Anspruch genommen. – Auf Englands Neutralität hoffte man noch immer – trotz der bisherigen Misserfolge nach dieser Richtung hin –, und die Italiener hielt man für töricht genug, den verhassten Österreichern am Balkan ihre Kastanien aus dem Feuer zu holen und «pour le roi de Prusse» ihre ganze nationale Existenz auf's Spiel zu setzen.

Lauter falsche Calcüle! Aber da man in Berlin und Wien nicht zu rechnen verstand, so hielt man den Moment zum Losschlagen für günstig – und schlug los. – [...]

Grelling prüft im Folgenden in mehreren längeren Kapiteln anhand der diplomatischen Dokumente das Verhalten Österreichs, Deutschlands, Englands, Russlands und Frankreichs während der Julikrise. Für die ‹Schuldigen› – Österreich und Deutschland – hält er seine Schlussfolgerung in mehreren Anklagepunkten und einem Urteilsspruch fest. Für Deutschland kommt er zu folgendem Schluss:

1. Deutschland hat Österreich freie Hand gegen Serbien gelassen, obwohl es sich bewusst war, dass aus dem österreichisch-serbischen Konflikt ein europäischer erwachsen musste.
2. Es hat geduldet, dass Österreich eine Ultimatumsnote mit exorbitanten Forderungen an Serbien richtete und trotz der fast vollständigen Bewilligung dieser Forderungen seinen Gesandten abberief und den Krieg erklärte.
3. Es hat mit der Anregung der Lokalisierung des Krieges den *Schein* einer Friedensvermittlung erweckt, deren Aussichtslosigkeit ihm aus der historisch-diplomatischen Geschichte und noch zuletzt aus der Balkankrisis bekannt sein musste und nach dem Zugeständnis des Weissbuchs[10] tatsächlich bekannt war.
4. Es hat den Vorschlag der Viermächtekonferenz abgelehnt.[11]
5. Es hat seinerseits den Vorschlag direkter Verhandlungen zwischen Wien und Petersburg gemacht, aber gleichzeitig geduldet, dass diese Verhandlungen von Österreich abgelehnt und statt dessen der Krieg an Serbien erklärt wurde.

6. Es hat das oft wiederholte Ersuchen der anderen Mächte, an Stelle des abgelehnten Konferenzvorschlages einen anderen Weg der Mediation seinerseits vorzuschlagen, unbeantwortet gelassen.
7. Es hat die verschiedenen Einigungsformeln Greys unerörtert und unbeantwortet gelassen.
8. Es hat die Einigungsformeln Sazonows[12] teils abgelehnt, teils unbeantwortet gelassen.
9. Es hat trotz aller Anfragen nie gesagt, was Österreich will, sondern sich immer nur darauf beschränkt zu sagen, was Österreich *nicht* will.
10. Es hat ein Neutralitätsgesuch an England gerichtet und damit seinen Kriegswillen bekundet zu einer Zeit, als die Ententemächte noch in eifrigster Weise am Friedenswerk arbeiteten.
11. Es hat in dem Augenblick, als endlich in Petersburg aussichtsvolle Verhandlungen zwischen Österreich und Russland über die serbische Note begannen, durch seine Ultimata an Frankreich und Russland diese Verhandlungen gestört und den Krieg unvermeidlich gemacht.
12. Es hat in dem Ultimatum an Russland die Demobilisierung auch gegen Österreich verlangt, obwohl Österreich selbst seine gesamten Streitkräfte mobilisiert hatte.
13. Es hat an Stelle der angedrohten Gegenmobilisierung sofort ohne jeden Grund an Russland und demnächst an Frankreich den Krieg erklärt.
14. Es hat diese Kriegserklärung nachträglich damit motiviert, dass die gegnerischen Mächte den Krieg begonnen hätten, während im Gegenteil die ersten Kriegsakte von Deutschland ausgegangen sind.
15. Es hat die Neutralität Belgiens verletzt und dadurch auch den Krieg mit England herbeigeführt.

Diese Anklagepunkte sind erwiesen und begründen den Urteilspruch: «*Deutschland ist schuldig, in Gemeinschaft mit Österreich den europäischen Krieg herbeigeführt zu haben.*» [...]

Ich suche vergeblich in all den Hunderten von Feldpostbriefen oder Kriegskorrespondenzen, die täglich die Spalten der Zeitungen füllen, nach dem Ausdruck der Empfindung: «*Wie schön ist es, für's Vaterland zu sterben!*» Ich finde überall nur Darstellungen der unsagbaren Schrecklichkeit und Barbarei des Kampfes zwischen Menschen, die keinerlei feindliche Empfindungen gegeneinander hegen, die Alle Mütter zu Hause gelassen haben, Viele – unsäglich Viele – Frauen und Kinder, und die Alle nur von dem einen Gedanken beseelt sind: O, wäre doch erst Frieden! O, wärst du doch daheim bei deinen Lieben, umschmeichelt und gehegt von deinen Kindern, in den Armen von Frau und Mutter, frei für immer von dieser entsetzlichen Mordarbeit!

Die Grossen natürlich hinter der Front, die denken anders darüber. Ihre Knochen werden nicht zerschmettert. Ihre Häuser brennen nicht ab. Ihre Frauen und Kinder werden nicht von Hof und Heimat vertrieben. Ihre Schlösser und Güter nicht zerstört. Sie hungern nicht und dursten nicht. Sie schlafen in ihren Betten, nicht in Erdhöhlen, wilden Tieren gleich. Sie können, wenn sie herz- oder leberkrank werden, in die Heimat reisen, sich mit Brunnen und Bädern kurieren lassen; ihre Frauen und Väter und Kinder können zu ihnen eilen, sie zärtlich umarmen und pflegen, bis sie nach Wochen oder Monaten neugestärkt zu ihren gesicherten Posten hinter der Schlachtfront zurückkehren können.

Während vorn dem Feinde gegenüber Tod und Verwüstung die Jugendblüte aller Länder, den Wohlstand vieler Generationen dahinrafft, sitzen die Grossen weit hinten [Rest des Satzes zensuriert]. [...]

Aber alle Armeebefehle werden nichts nützen. La vérité est en marche. Jede Stunde, jeder Tag bringt die Aufklärung näher. Und wenn sie nicht *wollen* – die Herren hinter der Front –, sie werden endlich *müssen*. Der Frieden *wird* kommen – bald, schnellstens, denn er *muss* kommen. Wehe den Generälen, die nochmals ihr Schwert in die Wagschale werfen, – wehe den Herrschern, die die verhaltene, gewaltsam unterdrückte Stimme der Völker noch immer nicht hören wollen! Es wallet und siedet und brauset und zischt unter den stillen Wassern des Burgfriedens. Wehe denen, die die unterirdischen Töne nicht hören wollen und ihr Schifflein weiter dem verräterischen Gewässer anvertrauen! Sie werden von den Wellen verschlungen werden! – Discite moniti! Lernet, Ihr seid gewarnt! ....

1 Grelling übernahm den Titel von Émile Zolas berühmter Schrift gegen die unrechtmässige Verurteilung von Alfred Dreyfus.
2 Zitate aus Anonym: J'accuse! Aus den Aufzeichnungen eines feldgrauen Akademikers. Berlin 1915; Federn, Karl: Anklagen gegen Deutschland. Das Buch «J'Accuse» und andere Schriften. Bern 1917; Weber, Leo: Gedanken eines schweizerischen Neutralen über das Buch «J'accuse». Solothurn 1915.
3 Grelling, Kurt: Anti-J'accuse. Eine deutsche Antwort. Zürich 1916. S. 10.
4 Zitiert nach Donat, Helmut: Richard Grelling, in: Helmut Donat/Karl Holl (Hg.): Die Friedensbewegung. Organisierter Pazifismus in Deutschland, Österreich und in der Schweiz. Düsseldorf 1983. S. 163.
5 Missbilligungsvotum gegen Reichskanzler Theobald von Bethmann Hollweg im Dezember 1913 infolge der Zabern-Affäre.
6 Heinrich von Treitschke, 1834–1896, deutscher Historiker, der militaristische und antisemitische Einstellungen vertrat. Friedrich von Bernhardi, 1849–1930, Militärhistoriker, Verfasser von «Deutschland und der nächste Krieg» (1912).
7 Verweis auf die Zabern-Affäre.
8 Verweis auf die Marokkokrisen.
9 Charles Humbert, 1866–1927, französischer Politiker.
10 Auswärtiges Amt (Hg.): Das deutsche Weissbuch über den Ausbruch des Weltkrieges. Bearb. nach d. d. Reichstag vorgelegten Material. Pössneck 1914. Rechtfertigende Publikation Deutschlands.
11 Vorschlag des britischen Aussenministers Edward Grey. England, Deutschland, Frankreich und Italien sollten zwischen Österreich-Ungarn und Russland vermitteln.
12 Sergei Dmitrijewitsch Sasonow, 1860–1927, russischer Aussenminister.

Paul Dubois

«Wir sind neutral, weil wir pazifistisch sind»
Neutralité morale. Zürich 1915.

«Geht es zu weit festzuhalten, dass Dubois das, was Spitteler für die deutsche Schweiz bedeutete, für die französische Schweiz war?»[1] – so fragt der Historiker Christian Müller, Verfasser einer Biografie über Paul Dubois (1848–1918), und würde die Frage wohl verneinen. Doch während Carl Spittelers Engagement für den Zusammenhalt und die Neutralität der Schweiz auch heute noch erinnert wird, ist Dubois' Bemühen um die Überwindung der innerschweizerischen Parteinahmen weitgehend vergessen.

Dubois, geboren in La Chaux-de-Fonds, studierte Medizin in Bern und liess sich 1876 als Arzt in der Hauptstadt nieder. Er habilitierte sich im Bereich der physikalischen Diagnostik und erhielt 1902 eine ausserordentliche Professur für Neuropathologie an der Universität Bern. Als Psychotherapeut erlangte er im In- und Ausland grosse Bekanntheit und gilt heute als «vergessener Pionier» (Christian Müller).

Dubois, Idealist und Humanist, mit einem starken Glauben an das Gute im Menschen, erschütterte der Kriegsausbruch schwer. Als Romand, der seit Jahrzehnten in der Deutschschweiz lebte, stand er zwischen den sich bildenden innerschweizerischen Sympathiefronten. Schon früh suchte Dubois die Öffentlichkeit. Am 3. September 1914 publizierte das «Journal de Genève» seinen Artikel «Unsere Neutralität», der bald auch in zwei Dutzend Deutschschweizer und Tessiner Zeitungen erschien. Dubois sprach sich darin gegen jegliche Parteinahmen aus. Kein Land habe «einen wirklichen echten Schritt» zur Beilegung der «schrecklichen Töterei» getan. «Jedes dieser Völker glaubt recht zu haben, und alle haben unrecht.» Die Schweiz solle danach streben, sich vom Hass nicht mitreissen zu lassen, «der immer ungerecht und grausam ist» und «das unglückselige Europa in Brand steckt».[2]

Dubois erhielt daraufhin zwar einigen Zuspruch, unter anderem von Bundesrat Giuseppe Motta, erntete aber auch heftige Kritik.

Dies vor allem in der Westschweiz, wo die Zerstörungen in Belgien und Nordfrankreich eine antideutsche Simmung befeuerten. Besonders hart trafen Dubois die Äusserungen des Neuchâteler Literaturkritikers und Historikers Philippe Godet. Dieser hielt Dubois im «Journal de Genève» vor, es könne nur neutral bleiben, wer keine Moral habe. Viele Westschweizer Zeitungen verweigerten den Druck von Dubois' Repliken. Anfang 1915 bot ihm der Zürcher «Rascher»-Verlag die Möglichkeit, sich zu äussern. Dubois und 36 weitere Personen aus Politik, Wissenschaft und Militär antworteten dem Aufruf des Verlags, der mit dem Sammelband «Wir Schweizer, unsere Neutralität und der Krieg» zu einem «Sichbesinnen» (S.10) beitragen wollte. In seinem Beitrag «Neutralité morale» konkretisierte Dubois sein Verständnis der Neutralität.

Wir haben kein Recht, uns zum Richter aufzuwerfen, mitten im Krieg die Geschichte des Konflikts zu schreiben, während die «Nationalismen» derart entflammt sind, dass die besonnensten Gemüter darüber den Kopf verlieren. Im Gegenteil, wir haben die Pflicht, unsererseits einen kühlen Kopf zu bewahren, etwas, was den Kriegführenden mitunter nicht gelingt. Statt das Feuer durch parteiische, leidenschaftliche Äusserungen noch zu schüren, müssen wir mit allen Mitteln versuchen, den Konflikt zu entschärfen, müssen die Vernünftigen, falls es noch welche gibt, zu einer gesünderen Einschätzung der Dinge bringen. Lauthals seine Freude über den Erfolg einer der Kriegsparteien zu bekunden und das Verhalten der anderen ohne gewissenhafte, objektive Einschätzung zu kritisieren, bedeutet, Partei zu ergreifen für den einen dieser Freunde, mit denen wir bisher die besten Beziehungen unterhielten, und uns zugleich gegen den anderen zu wenden.

Wären wir Schweizer ein Volk von ein und derselben Rasse, das eine gemeinsame Sprache spricht und in jeder Beziehung die gleiche Denkart, die gleichen Sympathien hat, könnten wir auf eigenes Risiko Partei ergreifen. Klein zu sein, ist ein praktischer, aber auch banaler Grund für Neutralität; nicht deshalb wäre ich stolz auf unser Land, das, wie ich an anderer Stelle gesagt habe, voller Stolz auf seine heroische Vergangenheit zurückblicken kann. Wir sind nicht aus Schwäche neutral; *wir wollen es sein,* weil wir pazifistisch sind, nicht nur unter uns, sondern allen gegenüber; *wir wollen es sein,* weil wir glauben, dieser Krieg um die Vorherrschaft ist eine Katastrophe für die Zivilisation; *wir wollen es sein,* weil wir finden, die Völker sollten sich mit vereinten Kräften gegenseitig helfen und versuchen, den unbarmherzigen «struggle for life» durch eine *Harmonie für das Leben* zu ersetzen.

Selbst wenn wir ein einheitlicher Staat wären, hätten wir keinen Grund, uns in einen Streit einzumischen, der uns nichts angeht. Freilich könnte man diese Haltung verstehen; wir wären ja frei, auf die so schwer zu wahrende Neutralität zu verzichten und den Nachbarn, der uns am sympathischsten ist, mit unseren Bajonetten zu unterstützen. Doch die Situation unseres Bundesstaates sieht anders aus. Wir sprechen drei Sprachen, die mit dreien unserer mächtigen Nachbarn jeweils eine literarische und wissenschaftliche Kulturgemeinschaft begründen; wir hegen unterschiedliche Sympathien.

Verlangen Sie nicht von einem Welschschweizer oder einem italienischen Schweizer, der kaum Deutsch spricht, der die französische beziehungsweise italienische Literatur liebt, der tagtäglich von dem Milieu, in dem er lebt, beeinflusst wird, der in Frankreich oder Italien geschäftliche, freundschaftliche oder verwandtschaftliche Beziehungen unterhält, dass er lebhafte Sympathie für Deutschland empfinde. Er wird, wenn er in das grosse Reich fährt, dessen industrielle und kommerzielle Entwicklung bewundern, sich ein Bild von dessen militärischer Macht und guter politischer und gesellschaftlicher Ordnung machen. Mit dem exzessiven deutschen Militarismus freilich wird er kaum sympathisieren. Seine französische Lebendigkeit wird sich an der «deutschen Gründlichkeit» stossen, und als Kind der Revolution wird er, selbst wenn er sich als Konservativer bezeichnet, entsetzt sein, dass im Norden Deutschlands immer noch der Geist des Feudalismus herrscht.

Andererseits ist es nicht verwunderlich, wenn ein Schweizer aus der Zentral- oder Ostschweiz anders denkt und fühlt. Er spricht deutsch, er liest deutsche Literatur, er hat mehrere Semester oder Jahre an deutschen Universitäten verbracht. Er wurde in einem Alter, in dem man leicht zu begeistern ist, von der Poesie des deutschen Studentenlebens bezaubert, hat aus voller Kehle jene «Lieder» gesungen, die, mögen sie auch noch so überschwänglich sein, doch ihren Reiz haben – wurden sie nicht auch in die Liederbücher der Studenten der französischen Schweiz aufgenommen? Als Angehöriger der germanischen Rasse liebt der Deutschschweizer Ordnung und Disziplin und nennt «Strammheit», was die Welschschweizer eher als Steifheit bezeichnen würden. Auch findet sich bei ihm noch ein gewisser Kraftkult, während durch die französischsprachige Jugend der Wind eines häufig übertriebenen Individualismus weht. Ist es von diesen Deutschschweizern nicht zu viel verlangt, dass sie leidenschaftliche Sympathie für Frankreich empfinden sollen, dessen Sprache sie vielleicht kaum kennen, dessen Literatur ihnen mehr oder weniger fremd ist? Viele von ihnen haben Paris nur auf der Durchreise gesehen und nur seinen oberflächlichen, mondänen Charme wahrgenommen. Dem französischen Wesen mit seiner Loyalität, seiner Grossherzigkeit, seiner Finesse sind sie nicht wirklich nah gekommen. [...]

Umso mehr gilt es, in diesem Konflikt echte Neutralität zu wahren. Die Beziehungen zwischen den Völkern sind vergleichbar mit denen zwischen Familien oder Individuen. Unsere Schweiz bildet eine kleine Familie aus stark geeinten Mitgliedern, die aber unabhängig genug sind, um ihre je eigene Denkart zu haben. Sie lebt in echter Freundschaft mit grossen Nachbarfamilien und hat bisher keinen Unterschied zwischen ihnen gemacht. Was muss sie tun, wenn zwischen diesen Nachbarn ein ernster Konflikt ausbricht? Sie muss neutral bleiben, sich bemühen, zur Entschärfung des Konflikts beizutragen und, falls sie das nicht kann, ihn zumindest nicht weiter anzuheizen. Das heisst, sie muss nicht nur eine tatsächliche, eine *faktische Neutralität* praktizieren, deren Nichtbeachtung sie unverzüglich unter die Kriegführenden einreihen würde, sondern auch eine *moralische Neutralität*, eine geistige, das heisst, sie darf keinen der Gegner moralisch unterstützen, was nämlich oftmals ebenso wertvoll für den einen und nachteilig für den anderen ist wie bewaffnetes Eingreifen.

Moralische Neutralität bedeutet freilich nicht, *in moralischen*

Fragen neutral zu sein. Wie sehr wir auch unseren Nachbarn zugetan sein mögen, wir bewahren doch unser volles Recht, Taten zu verurteilen, die uns verwerflich und nicht mit dem Völkerrecht vereinbar erscheinen, nicht nur im juristischen Sinne, sondern auch nach unserem moralischen Verständnis. Es darf nicht so sein, dass wir zu unserem Gewissen sagen: «Sei still, sonst kompromittierst du mich.»

Daher habe ich auch nicht gezögert, Deutschen oder Germanophilen zu sagen, dass ich die Verletzung der belgischen Neutralität als Verbrechen betrachte; man könnte hier wie Talleyrand anlässlich der Hinrichtung des Herzogs von Enghien sagen: Das ist mehr als ein Verbrechen, das ist ein Fehler.[3] – Sie haben zwar Einwände vorgebracht, mildernde Umstände geltend gemacht, schienen aber nicht verletzt. – Jedem sei freigestellt, zu sagen, dass die Unterwerfung von Löwen eine grauenvolle Tat war und es zutiefst bedauerlich ist, dass in diesem Krieg Kunstwerke sowie Leben und Besitz der unschuldigen Zivilbevölkerung nicht stärker verschont werden. Eine solche Kritik ist ethischer, allgemeiner Natur, sie betrifft jeden der Kriegführenden, der Akte dieser Art begeht. Deshalb kann sie in persönlichen Gesprächen, in Briefen, in Zeitungen und Zeitschriften ausgesprochen werden, allerdings nur unter einer Bedingung, nämlich dass die, die sprechen oder schreiben, nicht vorschnell über im Grunde noch ungeklärte Dinge urteilen und man zwischen ihren Sätzen und Zeilen nicht das bittere Gift ihrer Antipathie hindurchsickern sieht.

Die Kriegführenden ihrerseits sollten sich bemühen, in ihren Urteilen unparteiischer zu sein, doch mit der Forderung nach idealer Objektivität würde man zweifellos Unmögliches von ihnen verlangen. Stets wird ihr Patriotismus ihre Urteile beeinflussen; zwangsläufig werden sie die Fehler des Gegners strenger und die eigenen Irrtümer nachsichtiger bewerten. Auch uns, die wir neutral sind, gelingt es nicht besser als anderen, uns dem Joch der Sympathien zu entziehen. Diese gehen auf das Umfeld zurück, in dem wir gelebt haben, in dem wir verwandte Seelen gefunden haben und in dem unsere Eltern, unsere Freunde leben. Und diese Sympathien unterscheiden sich je nach Schweizer Region aufgrund der durch ethnische, politische, sprachliche und religiöse Gegebenheiten entstandenen regionalen Mentalitäten. Aber wir müssen wenigstens versuchen, möglichst neutral, also unparteiisch zu bleiben, und zwar sowohl aus *Patriotismus* als auch aus *Menschlichkeit*. Unsere Neutralität muss wie Cäsars Frau über jeden Zweifel erhaben sein.[4]

Die Schweiz kann nur existieren, wenn sie geeint bleibt. Die Unterschiede in Sprache, Religion und Mentalität sollten uns nicht entzweien, keine Disharmonie schaffen, sondern uns verbinden und uns gegenseitige Toleranz lehren, wie sie auch zwischen den grossen Nationen herrschen müsste. Keine der Eigenschaften, die unseren regionalen, kantonalen Charakter prägen, wird uns verloren gehen, wenn wir uns mit der Mentalität jener Bundesgenossen befassen, die eine andere Sprache sprechen, im Gegenteil, wir werden nur Vorteile davon haben. Jeder Schweizer sollte die drei Landessprachen so weit beherrschen, dass er seine Landsleute versteht, ihre Sichtweise begreift, Berührungspunkte suchen und Missverständnisse in einer fairen Diskussion ausräumen kann.

Im Kreise enger Freunde, die so denken wie wir, die die gleichen Sympathien empfinden wie wir, nehmen wir kein Blatt vor den Mund; unter Umständen aber, die für Millionen von Betroffenen tragisch sind, sollten wir Mass zu halten verstehen, sollten uns den bissigen Ton verkneifen, den so viele Publizisten in übertriebener Weise pflegen. Denn eine solche Geisteshaltung ist nicht sonderlich lobenswert und mit Güte unvereinbar. Und gerade letztere Tugend bräuchten wir für unsere mitmenschlichen Beziehungen, ob zwischen Individuen oder zwischen Völkern.

Mit dieser wohlwollenden Objektivität werden wir die Ereignisse zur Kenntnis nehmen und uns nicht scheuen, unsere Meinung zu Fakten zu äussern, die moralisch bewertet werden können, bei denen man spürt, dass man die Zustimmung aller, sogar der Gegner hätte gewinnen können, hätte die Leidenschaft nicht ihr Urteil getrübt. Es geht nicht darum, nicht zu denken, nicht zu urteilen, nicht zu sprechen, sondern darum, nicht zu *verletzen*.

Sind wir in Gegenwart von Personen, die möglicherweise aufgrund ihrer Mentalität die Dinge anders sehen, so müssen wir noch besonnener sein, noch mehr Takt und Güte aufbringen. Und wenn es sich um Gegner handelt, sollten wir schweigen können, sollten hitzige Streitgespräche vermeiden, die zu nichts führen, oder sie solange aufschieben, bis die Leidenschaften abgekühlt sind und wir mit einiger Aussicht auf Erfolg mit den Betreffenden diskutieren können.

Es genügt nicht, Neutralität zu verkünden, nicht zu den Fahnen einer der verfeindeten Armeen zu eilen, nicht am Krieg teilzunehmen. Ein Krieg mit Feder und Wort ist nicht minder gefährlich. Mehr noch als Gewehre und Kanonen schafft er Feindseligkeiten zwischen den Völkern, und eben diese Feindseligkeiten sind es, die neben den kommerziellen und industriellen Rivalitäten den gegenwärtigen Krieg ausgelöst haben. Der Hass zwischen Soldaten, die tapfer für ihre Sache gekämpft haben, währt nicht ewig, mitunter haben sich sogar Vorposten verbrüdert, wie jene Eidgenossen, die bei Kappel gemeinsam mit den Feinden ihre Suppe assen. Unter den Verwundeten zweier Armeen entstehen oft Bande des gegenseitigen Respekts, gar der Freundschaft. Die Zivilpersonen an den Cafétischen und die Intellektuellen in ihren Studierstuben, die allesamt Sicherheit geniessen, sollten wohlwollender sein und sich hüten, Öl ins Feuer zu giessen. Wie viel Unsinn haben wir in den vergangenen vier Monaten gehört, und zwar in allen Sprachen!

Bisweilen greift ein Gelehrter, ein Literat zur Feder und schreibt einige so treffende Zeilen, dass man meint, sie müssten den Gegner überzeugen; dann plötzlich fällt er aus der Rolle und untermauert seine Argumentation mit unwahrscheinlichen Behauptungen. Ich weiss wohl, dass das Unwahrscheinliche manchmal wahr ist; doch zumindest sollte man es beweisen. Diese Schriftsteller aber, die man für grosse Geister hielt, begnügen sich mit Beweisen, über die Anwälte und Richter eines Schwurgerichts nur lächeln könnten. Die hanebüchensten Meldungen werden ungeprüft auf der Grundlage irgendeines Interviews akzeptiert, wenn sie nur dem Feind schaden, und zahlt dieser mit gleicher Münze zurück, ist die Empörung sofort gross. Meistens wird der Hass mit den immer gleichen stereotypen, vom letzten Krieg übernommenen und neu aufgewärmten Anschuldigungen angefacht und die trennende Kluft zwischen den Völkern vertieft. Noch nie hat der Mangel an Urteilsvermögen derartige Ausmasse erreicht wie heute; nie hat er so sehr die intellektuelle Elite erfasst, hat er deutlicher die menschliche Dummheit enthüllt. Die durch Granaten, Feuersbrünste und den Verlust an Menschenleben entstandenen Schäden werden schneller behoben sein, als die dem Krieg der Feder und des gesprochenen Wortes geschuldeten moralischen Wunden zu heilen vermögen.

Lassen wir uns nicht auf diesen Kampf ohne Helden ein, in dem Journalisten und Gelehrte Tag für Tag von ihrer sicheren Position aus Giftpfeile abschiessen. Bleiben wir neutral im wahrsten Sinne des Wortes, das heisst, ohne Partei zu ergreifen, ohne den Hass zu teilen, der die Kriegführenden antreibt. Leisten wir ihnen allen Hilfe, indem wir uns um ihre Kriegsgefangenen kümmern, um ihre Zivilinternierten, um die Verletzten, um die leidenden Völker im unglückseligen Belgien, in Frankreich, in Polen, denen wir in gewisser Weise nützlich sein können. Bedauern wir all jene, die unter dem Grauen des gigantischen Kampfes leiden. Zeigen wir Mitgefühl gegenüber all diesen Unglücklichen, lindern wir ihr Elend, und statt sie in ihren Gegensätzen noch zu bestärken, zeigen wir ihnen, dass ein Volk trotz bestehender Unterschiede in Rasse, Sprache und Religion in Harmonie leben kann. Hoffen wir schliesslich, dass bald dauerhafter Friede in der Welt einkehren möge, echter Friede, von aufrichtigen, altruistischen Gefühlen getragen und nicht von jener absurden Losung, die da lautet: Wenn du Frieden willst, so rüste zum Krieg.

Aus dem Französischen von Maria Hoffmann-Dartevelle

1 Müller, Christian: «Sie müssen an Ihre Heilung glauben!» – Paul Dubois (1848–1918). Ein vergessener Pionier der Psychotherapie. Basel 2001. S. 149.
2 Ebd., S. 148f.
3 Angebliche Reaktion Talleyrands auf die Hinrichtung von Louis de Bourbon-Condé, Herzog von Enghien (1804), an dem Napoleon Bonaparte zu Unrecht ein Exempel statuierte.
4 Anspielung auf eine Aussage Gaius Julius Caesars, der so die Scheidung von seiner Frau Pompeia begründet haben soll.

Tagesordnung eines streng Neutralen

(Zeichnungen von S. Boscovits jun.)

1. Morgens: Beefsteak (engl.), russischer Tee. „Times".

2. Mittags: Poulet Bresse, Bordeaux. „Figaro".

3. Abends: Frankfurterli oder Wienerli (echt) mit Sauerkraut. Münchner Bier. „Berliner Tageblatt".

4. Nachts: Stumpen. Diverse Schweizer Zeitungen.

Nebelspalter, 1914.

Hugo Ball

«Man lebt in Zürich: Ländlich unter Morphinisten»
Zürich. Leipzig 1915.

Ende Mai 1915 emigrierte Hugo Ball (1886–1927) mit seiner Partnerin, der Kabarettistin Emmy Hennings, nach Zürich. Er hatte es im kriegerischen Deutschland nicht mehr ausgehalten. «In Zürich scheint neuerdings viel Leben zu sein», schrieb Ball kurz vor der Abreise. «Mich zieht es auch dorthin. Leben, Bewegung, Wille muss sein. (Hier ist nichts nichts nichts von alledem. Nur gegenseitige Beargwohnung, gegenseitiges Beschnüffeln.)»[1]

Wie viele andere hatte sich Ball zunächst erhofft, der Krieg würde läuternd auf die Gesellschaft wirken. Die «Münchner Kammerspiele», wo er als Dramaturg beschäftigt war, stellten ihren Betrieb im August 1914 ein. Ball meldete sich daraufhin mehrmals als Kriegsfreiwilliger, wurde aber als untauglich abgewiesen. Nach einer Reise durch das kriegsversehrte Belgien und dem Tod seines Freundes Hans Leybold, der im Dienst Selbstmord beging, wandelte sich seine Einstellung grundsätzlich. Ball entwickelte sich zum Kriegskritiker und entschloss sich schliesslich zur Emigration.

In Zürich lebten während des Weltkriegs zahlreiche politische und intellektuelle Flüchtlinge aus ganz Europa. Ball notierte in sein Tagebuch: «Die Schweiz ist die Zuflucht all derer, die einen neuen Grundriss im Kopfe tragen. Sie war und ist jetzt, während des Krieges, der grosse Naturschutzpark, in dem die Nationen ihre letzte Reserve verwahren. [...] Von hier, von der Schweiz aus wird sich Europa wieder beleben.»[2] Ball suchte zunächst ohne Erfolg eine Anstellung und verbrachte die Abende öfters im Restaurant «Zum Weissen Schwan» am Predigerplatz, wo der Schweizer Arbeiterarzt und Publizist Fritz Brupbacher Diskussionsabende zu sozialistischen Themen durchführte. In der unten abgedruckten Glosse, die im Juliheft der «Weissen Blät-

ter» erschien, beschreibt Ball die Abende im «Schwänli» und seine ersten Eindrücke von Zürich. Die Stadt war international und provinziell zugleich. Ball fühlte sich nach eigenen Worten manchmal wie in einem «Vogelkäfig»[3]. «Die Schweizer neigen übrigens mehr zum Jodeln als zum Kubismus»[4], schrieb er im Juni 1916 an seinen Vetter.

Ball und Hennings wurden schliesslich für mehrere Varietés tätig. Daneben publizierte Ball in der sozialistischen Zeitung «Revoluzzer» und in den «Weissen Blättern» und übersetzte französische Antikriegsschriften. Im Februar 1916 gründete das Paar mit Hans Arp, Richard Huelsenbeck, Marcel Janco und Tristan Tzara an der Spiegelgasse das «Cabaret Voltaire», das sich zur Wiege der Dada-Bewegung entwickelte. Ball trug hier seine Lautgedichte vor. Die im «Cabaret Voltaire» dargebotene ‹Antikunst› verstand sich als Reaktion auf das Chaos des Kriegs, der die Schattenseiten der europäischen Gesellschaft und des bisherigen Kulturbetriebs offenbart hatte.

1917 zog sich Ball von den Aktivitäten der Dadaisten zurück. Bis 1920 arbeitete er als Redaktor für die in Bern erscheinende pazifistische «Freie Zeitung». Danach liessen sich Ball und Hennings im Tessin nieder.

Man lebt in Zürich: Ländlich unter Morphinisten. Viele Franzosen gibt es. Die Soldaten mit ihren schwarzen Tschackos, schwarzer Uniform und roten Achselaufschlägen erinnern an deutsche Feuerwehr. Die elektrischen Wagen sind blau wie in München. Am Stadthauskai ragen drei grosse Uhrtürme mit goldenen Zifferblättern. Brückenköpfe breit zwischen italienisch gegiebelten Häuserstaffagen. Singende Aale und Wasserratten von der Limmat her. Dahinter der See: Ein blaugrauer Sack.

Auf der Strasse begibt sich: Die larmoyante Musik der Heilsarmee. Vor der Studenten-Wirtschaft «Zur Bollerei» auf grobpflastrigem Platz stehen im Kreis fünf Männer mit Blasinstrumenten. Hüte, Bagage und Instrumentenkästen liegen geschichtet inmitten des Kreises auf einem Haufen. Frauen mit seltsamen Hüten und Brillen (aus Bildern des Quentin Massys) singen eine erbarmungswürdige Melodie vom gekreuzigten Heiland. Auf dem Balkon der «Bollerei» die Studenten: in langer Reihe mit eckigen Köpfen und Quastenpfeifen.

Oder es findet, unter freiem Himmel, eine Versammlung statt, auf dem Münsterplatz. «Gegen den Hunger». «Schweizerarbeiter, wach auf, bevor es zu spät ist! Nieder mit der Heuchelei des Burgfriedens! Es lebe der Klassenkampf!» Mit Trompetenstoss wird die Versammlung eröffnet. Auf einem Karren stehen die Redner. In kleinen Trupps, die Internationale singend, zerstreut sich die Schar der Protestler unterm Gewitterregen.

Zürich ist die Stadt der Gesangvereine. Vierstimmig, schippelig. «Alles wird sich schon gestalten. Frühling wird es sicherlich.» Gesellenhäuser heissen hier «Zur Käshütte», «Blaue Fahne», «Zur Zimmerleuten». Auch wird viel trompetet, aus sechsten Stockwerken heraus. Man tut etwas für die Lunge. Im Park, auf den Terrassen der grossen Hotels, an Kiosken und in den Separés der Kabarette: man spricht viel Französisch, von Genf her. Scheintot ist man versucht die Stadt zu nennen trotz Sonne und Grobheit nach drei Tagen Aufenthalt. Niemand führt Buch über Verbleib und Schattierung geflüchteter Krimineller.

Cabaret Bonbonnière liegt im Mittelpunkte der Stadt, nahe dem Hauptbahnhof. Café des Banques hat eine saftige Kapelle. Die Primgeige stammt aus Moabit, das Cello aus Lyon. Der Flügelmann ist Mexikaner. Im Kabarett tritt auf: Emmy Hennings: Grüne Joppe, schwarze Satinhosen, blonder Schopf.

Das Kabarett ist ein hübscher Raum, sehr besucht. Violette und lila Ampeln in Pagodenform. Höllenrote, entzückende kleine Bühne. Italiener und Franzosen schmunzeln beim Vortrag der «Beenekens»[5]. (Sie sehen, Romain Rolland, es bedarf nicht des Esprit religieux der Madame Dr. Elisabeth Rotten[6] noch des Appel humain samaritanisch geneigter Episkopaten.)

Die Zeit ist vorsichtig und langsam. Am Predigerplatz, im kleinen Restaurant «Zum weissen Schwänli», geschähe auch Ihnen Genugtuung, lieber R. H.[7] Ich folge freundlicher Einladung eines Arztes. Und finde ein stilles, entferntes Kolleg von viermal sechs freien «Genossen» (oft sind es mehr, oft weniger). Sie tagen einmal die Woche, jeden Montag. Jemand verliest eine Disposition der «Kampfesmittel des Arbeitgebers». Monsieur le directeur Dr. B.[8] führt den Discurs, sachte und einfach, sicher und prinzipiell. Zugegen sind Organisierte und Nichtorganisierte, Propagandisten der Tat und Sozialdemokraten, ein Konducteur, ein Metallarbeiter, die russ. Revolutionärin und der sehr französisch orientierte Redakteur des «Revoluzzer» (eines Blattes, das, nur in der Schweiz, mit sehr direkt-indirekten Mitteln den italienischen Arbeitern Verweigerung der Militärpflicht nahelegte). «Sagen Sie uns, Genosse H., – Sie haben da Sondererfahrung – was wissen Sie uns von Tarifverträgen?» (folgt Bericht) «Schön. Aber Sie setzen sich da in Widerspruch zu Genosse W. Genosse W. erzählte uns, dass er nur unkündbare Tarifverträge kennt und dass das Interesse des Arbeitgebers nur unkündbare Tarifverträge verlangt.» (Genosse H. und W. debattieren und einigen sich.) «Schön und die Streiks? Wer erinnert sich noch des Holzarbeiterausstandes bei uns in der Schweiz? Wie war doch die Situation? ...» – «Der ökonomische Streik, ganz richtig. Und ausserdem?» Sympathiestreiks. «Was kommt wohl in solchen Sympathiestreiks zum Ausdruck?» Man tut sich selbst genug. «Oder? Genosse C.?» Man befriedigt ein seelisches Bedürfnis. «Oder?» Man hat Gefallen an sich selbst. «Gut, das ist es. Es gibt in der Arbeiterschaft Vorgänge von nicht nur materieller Bedeutung. Es gibt auch – man könnte fast sagen – ästhetische Streiks.»

Gegen 10 Uhr ist die Disposition komplett. Eine neue Disposition wird einem der Genossen übertragen. Die Versammlung zerstreut sich.

Sehen Sie, lieber R. H., so kultiviert man hier in der Arbeiterschaft und unter Gebildeten: ganz ohne Lärm, ganz ohne Aufsehen. Der deutsche Literat, den ein Zufall in die Versammlung verschlägt, ganz ohne Kontakt, ganz voller Abneigung kommunistischen Dingen gegenüber, ist tief erstaunt und beschämt und dankt einem Kreise von Menschen, in dem sich Gelassenheit und Erfahrung das Rüstzeug schaffen für den sozialen Kampf der Zukunft.

1 Zitiert nach Arslan, Ahmet: Das Exil vor dem Exil. Leben und Wirken deutscher Schriftsteller in der Schweiz während des Ersten Weltkrieges. Marburg 2004. S. 48.
2 Ball, Hugo: Die Flucht aus der Zeit. München 1927. S. 185f.
3 Ebd., S. 51.
4 Ball, Hugo/Hennings, Emmy: Damals in Zürich. Briefe aus den Jahren 1915–1917. Zürich 1978. S. 58.
5 Gemeint ist das humoristische Lied «Det scheenste sind die Beenekens» («Das schönste sind die Beine»). Text von Claire Waldoff, Musik von Walter Kollo (1910).
6 E. R., 1882–1964, Reformpädagogin und Sozialistin.
7 Wohl Richard Huelsenbeck, 1892–1974, Schriftsteller und Mitgründer des «Cabaret Voltaire».
8 Fritz Brupbacher, 1874–1945, Zürcher Arzt und sozialistischer Publizist.

Textnachweise

(In Klammern die Signatur der Bibliothek der Museumsgesellschaft)

Hermann Bahr: Kriegssegen. München: Delphin-Verlag 1915. S. 5–8, 19–24, 30f., 33. (G 5796)
H. B. [= Hugo Ball]: Zürich. In: Die Weissen Blätter, Heft VII 1915. Leipzig: Verlag der Weissen Bücher 1915. S. 937–939. (C 186: a)
Arthur Clutton-Brock: Thoughts on the war / More thoughts on the war. Eighth Edition. London: Methuen & Co. Ltd. 1915. Bd. 1, S. 69–77, Bd. 2, S. 59–66. (A 4268)
Paul Dubois: Neutralité morale. In: Wir Schweizer, unsere Neutralität und der Krieg. Eine nationale Kundgebung. Zürich: Verlag von Rascher & Co. 1915. S. 44–54. (G 5730)
Louis Dumur: Culture française et culture allemande. 11e cahier vaudois. Lausanne: C. Tarin 1915. S. 6–8, 12, 40–59. (F 6840: f)
Marcel Dupont [= Marcel Ernest Béchu]: En campagne (1914–1915). Impressions d'un officier de légère. Paris: Librairie Plon 1915. S. 281f., 289–292, 295–301, 311–317. (F 6966)
Auguste Gauvain: Les origines de la guerre européenne. Troisième édition. Paris: Librairie Armand Colin 1915. S. 173–181, 205–208, 234–243, 251–255, 270–278, 289–313. (F 7249)
Ein Deutscher [= Richard Grelling]: J'accuse!. 2. Auflage. Lausanne: Verlag von Payot & Co. 1915. S. 6f., 9f., 22–24, 31, 65, 101, 106f., 116, 200f., 303f., 321. (G 5854)

Paul Oskar Höcker: An der Spitze meiner Kompagnie. Drei Monate Kriegserlebnisse. Berlin: Verlag Ullstein & Co. 1914. S. 7–9, 16f., 22–27, 247–251, 256f., 259f. (G 5724)
Annette Kolb: In Dresden. Sechster und siebenter Brief an einen Toten. In: Die Weissen Blätter, Heft IX 1915. Leipzig: Verlag der Weissen Bücher 1915. S. 1155–1159, 1161–1165. (C 186: a). Mit freundlicher Genehmigung von Ursula C. Kolb, Badenweiler.
Martin Lang: Feldgrau. Erste Kriegserlebnisse in Frankreich. 3. Auflage. Stuttgart: K. Thienemanns Verlag 1915. S. 22f., 34f., 41–50. (G 6027)
Albert Leopold: Im Schützengraben. Erlebnisse eines schwäbischen Musketiers auf der Wacht und beim Angriff in Polen. Stuttgart: K. Thienemanns Verlag 1915. S. 9f., 22, 25f., 32–37, 82–85, 91f. (G 6028)
I. v. Michaelsburg [= Ilka Künigl-Ehrenburg]: Im belagerten Przemysl. Tagebuchblätter aus grosser Zeit. Leipzig: C. F. Amelangs Verlag 1915. S. 31, 37f., 96f., 116f., 135–139, 142–146, 172f. (G 6157)
Romain Rolland: Au-dessus de la mêlée. 27e édition. Paris: Librairie Paul Ollendorff 1915. S. 21–38. (F 7055)
Bruno Schoenlank: Der Knabe im Krieg. Militärzug. In: Die Weissen Blätter, Heft VI 1915. Leipzig: Verlag der Weissen Bücher 1915. S. 707. (C 186)
Werner Sombart: Händler und Helden. Patriotische Besinnungen. München und Leipzig: Verlag von Duncker & Humblot 1915. S. 4, 48–50, 57, 63f., 87–89, 131–137, 141–145. (G 5792)